지리를 알면 여행이 보인다

청소년을 위한 세계 여행 가이드

지리를 알면 여행이 보인다

최재희 지음

창비

차례

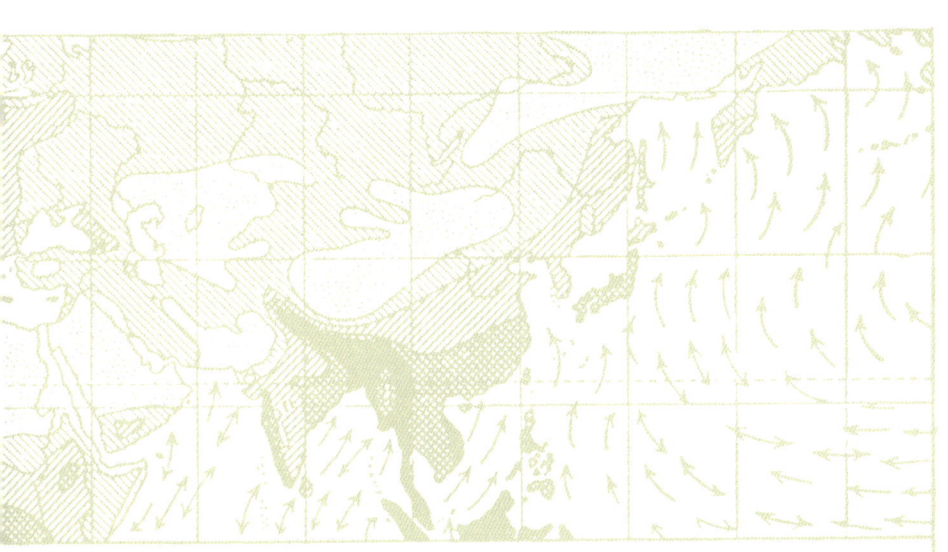

여행을 더 재미있게 해 주는 마법

여행! 이 단어를 듣는 순간 어떤 감정이 떠오르나요? 미지의 세계로 떠나는 모험심? 단조로운 일상을 살짝 벗어나는 해방감? 듣는 순간 전해지는 감정 그대로, 여행은 낯선 곳에서 특별한 경험을 만나는 일입니다. 일상에서 마주하기 힘든 것을 접하며 살아 있는 공부를 하게 되지요. 여행지에서는 길가에 핀 이름 모를 꽃 한 송이에도 관심이 갑니다. 마음이 열리니 사고가 열리고 모든 것에 관대한 태도를 갖게 되는 마술! 그게 바로 여행입니다.

익숙한 환경은 머리를 굳게 만들지만, 낯선 환경에 가면 뇌가 팔딱팔딱 뛰면서 없던 감수성도 피어납니다. 열대 우림 근처에서 자란 예술가는 하얀 눈으로 뒤덮인 설경을 마주한 순간을 결코 잊지 못할 것입니다. 사고의 지평이 활짝 열리는 이색적인 경험일 테니까요.

여행 하나만으로 역사에 이름을 남긴 이들도 여럿입니다. 독일의 알렉산더 폰 훔볼트, 이탈리아의 마르코 폴로, 아라비아의 이븐 바투타, 명나라의 서하객, 조선의 최치원 등이 남긴 여행기는 동서고금을 막론하고 여행이 주는 큰 의미를 조명합니다. 17세기 중반 유럽에서는 상류층 자제들 사이에서 견문을 넓히기 위한 '그랜드 투어'라는 여행 프로그램이 인기를 끌기도 했어요. 독일의 대문호 괴테 또한 2년 동안 이탈리아 여행을 다니며 예술가적 정신을 되찾았다고 말했습니다. 애플의 창업자 스티브 잡스도 힌두교와 불교의 발상지인 인도를 여행하며, 부단한 자기 수련을 통해 열반에 오른다는 불법에 깊은 감명을 받았습니다.

지리 교사인 저에게 모든 여행은 곧 '답사'였습니다. 지리학은 인간과 자연이 상호 작용하며 함께 일궈 온 경관에 관심이 많거든요. 낯선 자연 및 인문 경관을 만날 때면 멈추어 사진을 찍는 일이 잦았습니다. 다른 사람은 볼 수 없는 나만의 보물을 찾은 것처럼 말입니다. 가끔 이렇듯 직업병처럼 반복되는 여행 방식이 부담스러울 때도 있습니다. 하지만 남들이 미처 보지 못하는 공간의 이야기를 복원하는 자부심이 더 큽니다. 뭐든지 아는 만큼 볼 수 있기 때문입니다.

교육과정에 포함된 '여행 지리' 교과목은 여행을 통해 만나는 온갖 종류의 경험을 지리학과 함께 배우는 과목입니다. 여행 지리는 여행의 의미와 이동 수단, 문화와 자연은 물론 성찰과 공존에도 관심을 둡니다. 미래 사회의 여행은 또 어떤 방향으로 흘러갈지 간접 경험을 통해 알아 가는 재미도 있지요. 이 책은 여행 지리의 방식으로 색다르게 여행지를 바라보고자 합니다. 지리를 공부한 사람은 일반 여행자와는 조금 다른 관점에서 여행지를 바라볼 수 있습니다. 이 여행지에 어째서 사람이 많이 오는지, 어떤 역사를 거쳐 지금의 모습을 갖게 되었는지 이해할 수 있기 때문입니다.

21세기는 첨단 미디어의 시대입니다. 터치 몇 번만으로 세계 각지를 초고화질 영상으로 둘러볼 수 있습니다. 골목골목 거리를 누비며 재미있는 입담을 살려 시청자를 이끄는 여행 유튜버도 많지요. 화려한 영상 콘텐츠가 눈길을 사로잡는 오늘날에도 여전히 책 읽기를 통한 간접 여행은 의미 있다고 생각합니다. 책을 읽는 동안 고도의 사고를 총괄하는 전두엽은 물론 측두엽, 후두엽 등 뇌의 각 부위는 마치 잠자는 사자를 깨운 양 촉각을 곤두세웁니다. 그러면서 새로 알게 된 것들을 정교하게 재구성합니다. 가령 뉴질랜드 남섬의 거대한 호수를 묘사한 책과 유튜브 영상을 비교해 봅시다. 책을 통해 묘사된 호수는 단박에 시각적 경험을 주진 않지만, 그동안 경험을 통해 만났던 여러 호수의 기억을 되살립니다. 그렇게 뇌에서 비교하고 분석하며 창의적 사고력이 자랍니다. 그에 반해 유튜브 영상으로 마주한 호수의 풍광은 단박에 그 윤곽을 알리지만, 단지 시각적 효과에 그칩니다. 깊이 있는 사고로 이끌지는 못한다는 겁니다. 영상을 통한 간접 여행보다 책 읽기를 통한 간접 여행이 더욱 농밀한 경험을 제공하는 이유입니다.

이 책은 여행을 통해 견문을 넓히고 영감을 얻고자 하는 독자를 위한 여행 지리 안내서입니다. 공항에서 출발해 세계 곳곳의 다채로운 여행지를 생생하게 둘러볼 수 있도록 구성했어요. 이런 노력이 독자 여러분의 세계 여행을 풍성하게 이끌어 준다면 기쁘겠습니다. 이 책을 통한 간접 여행이, 언젠가 떠나게 될 여러분만의 의미 있는 여행의 출발점이 되기를 희망합니다.

세계 최고의 허브 공항, 인천국제공항

2001년 문을 연 인천국제공항은 시설과 이용 여객 수, 화물량 처리 규모, 서비스 품질 면에서 세계 최고 수준을 자랑합니다. 인천공항은 세계 여러 지역을 잇는 허브 공항입니다. 허브hub는 영어로 중심, 바퀴 축이라는 뜻입니다. 바퀴를 보면 가운데를 중심으로 빗살이 뻗어 나가죠? 인천공항도 세계를 향해 뻗어 나가는 동아시아의 허브 공항을 목표로 설립되었습니다.

인천공항의 매력을 조금 더 깊이 알려면 네트워크라는 개념을 알아야 합니다. 네트워크는 쉽게 말해 서로 연결되어 있다는 뜻입니다. 이 단어는 다양한 분야에 쓰입니다. 통신 데이터를 주고받는 일, 친구와 친밀한 관계를 맺는 일, 한 지역과 다른 지역을 연결하는 일 모두 네트워크라고 할 수 있어요. 지구 반대편 나라에 있는 친구와 통신 네트워크를 통해 화상 통화를 할 수도 있고, 여차하면 교통 네트워크를 이용해 직접 가서 만날 수도 있습니다. 2020년 세계를 휩쓸었던 코로나바이러스감염증-19는 공항을 드나드는 사람들을 통해 전 세계로 퍼져 나가기도 했어요. 항공 교통 네트워크를 통해 세계가 긴밀하게 연결되어 있다는 사실을 모두가 확인한 사건이었지요.

인천공항이 세계적인 허브로서 높은 위상을 갖게 된 건 우리나라의 지리적 위치 덕분입니다. 우리나라는 동북아시아의 중간에 있어 북쪽으로는 북아메리카 지역에, 그 반대로는 유럽에 갈 수 있습니다. 이러한 지리적 이점 덕분에 약 90개의 항공사가 인천공항을 통해 세계 50여 개국, 150여 도시를 연결하고 있지요.

인천공항은 사람과 화물 모두 원활하게 운송할 수 있는 체계를 갖추고 있습니다. 가령 특정 온도로 보관해야 하는 화물을 위한 물류 창고를 운영하고 편리한 통관 절차를 갖추는 등의 노력은 세계 기업이 인천공항을 선호하는 매력적인 요소로 작용하고 있습니다.

그렇다면 다른 곳이 아닌 인천에 공항을 지은 이유는 무엇일까요? 우선 인천은 수도인 서울과 거리가 가깝습니다. 그리고 간척 사업을 통해 서해에 있는 드넓은 갯벌을 평지로 만들 수 있었지요. 공항이 들어서려면 넓은 평지가 필요한데, 우리나라는 국토의 약 70%가 산지이기 때문에 평지를 확보하는 일이 특히 중요했어요. 김포공항은 한강이 만든 넓은 습지 위에 지어졌고, 부산에 들어설 가덕도신공항 역시 바다를 메운 자리에 있습니다. 우리나라의 대표 공항이 바다 근처에 있는 건 지리적 조건과 무관하지 않습니다.

이제 우리나라에서 해외로 나갈 때는 왜 인천공항이 늘 시작점이 되는지 알겠지요? 세계 최고의 허브 공항에서 출발해 세계로 뻗어나가 봅시다!

1부

자본과
사람이 모이는
대도시 여행

뉴욕, 도쿄, 파리……. 귀에 익은 이 도시들의 공통점은 무엇일까요? 국가를 넘어 세계에서 영향력이 큰, 세계 도시라는 점입니다. 이들 도시는 세계의 정치, 경제, 사회, 문화 전반에 영향을 끼치지요. 각 나라를 대표하는 만큼, 많은 여행자가 찾는 도시들이기도 합니다. 1부에서는 함께 세계 도시를 여행해 볼 거예요. 세계 도시를 여행할 때는, 단순히 관광지를 살피는 것에서 한 발 더 나아가 세계의 정치, 경제, 역사의 한 대목을 만날 수 있는 장소를 찾아보길 바랍니다. 우리가 함께 둘러볼 미국 뉴욕은 현대 금융의 중심지입니다. 프랑스 파리는 제국주의의 유산을 간직한 도시이자 프랑스혁명과 두 차례의 세계대전을 기억하는 도시이지요. 일본 도쿄는 거대한 도시들이 모인 메갈로폴리스의 하나로 20세기 중후반 일본의 급속한 경제 성장과 풍요의 흔적이 남아 있습니다. 1부에서는 풍성한 이야기를 품고 있는 세계 도시로 떠나 볼 거예요. 준비되었다면 바로 출발해 볼게요!

마천루를 자랑하는
세계 경제의 중심

성경의 창세기에는 고대 바빌로니아 사람들이 지은 바벨탑 이야기가 나옵니다. 바벨탑은 인간이 하늘에 닿고자 하는 욕망으로 쌓아 올린 건축물입니다. 성경에서 신은 그것을 노여워하여 바벨탑을 무너뜨리고 인간 세계를 갈라놓습니다. 비뚤어진 욕망에 대한 경고로 바벨탑이 자주 언급되는 이유죠. 한편 바벨탑은 세계 최초의 마천루라는 상징성도 지닙니다. 마천루는 하늘을 찌를 듯이 높이 솟은 고층 건물을 뜻하는데요, 하늘에 닿고자 지어 올린 바벨탑은 최초의 마천루라 여길 법합니다.

중세 유럽에서는 워낙 종교의 힘이 강해 교회 첨탑보다 높은 건축물을 기대하기 어려웠습니다. 높이를 자랑하는 세속적인 건물이 본격적으로 등장한 때와 장소는 19세기 미국입니다. 정확하게 말하자면 미국 뉴욕주 뉴욕시의 맨해튼 자치구입니다.

파노라마처럼 펼쳐진 마천루로 대표되는 맨해튼은 뉴욕의 심장입니다. 하늘을 찌를 듯 높이 솟은 마천루의 위용을 보노라면, 이곳이 단연코 미국에서 가장 번화한 곳이라는 강렬한 인상을 받습니다. 뉴욕은 세계 초강대국 미국의 대표 도시이자 경제 및 문화 중심지입니다. 바로 그 중심에 맨해튼이 있고요. 그럼 첫 번째 여행지인 뉴욕 맨해튼으로 떠나 봅시다. 부루마블 게임에서 가장 비싼 임대료를 자랑하는 바로 그곳으로요!

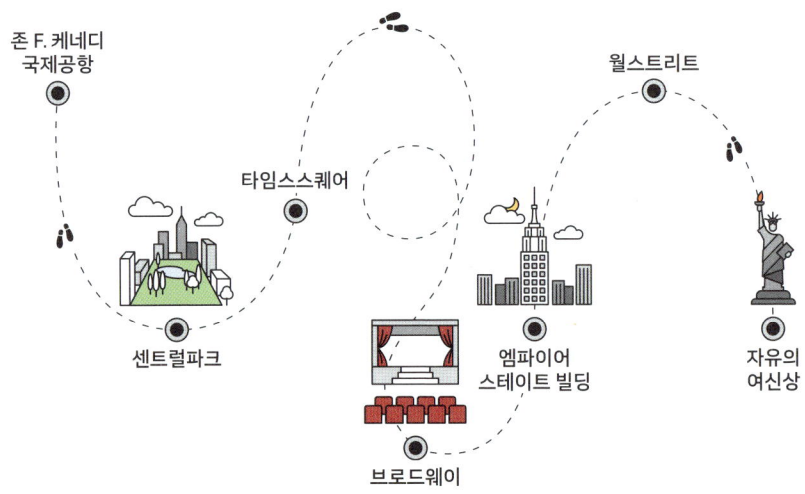

케네디 국제공항에서 맨해튼까지

뉴욕행 국제선 비행기는 대부분 존 F. 케네디 국제공항을 향합니다. 공항의 이름은 자연스럽게 미국의 제35대 대통령을 지낸 존 F. 케네디를 떠올리게 하지요. '조국이 여러분을 위해 무엇을 할 수 있는가를 묻지 말고, 여러분이 조국을 위해 무엇을 할 수 있는가를 물으라.'라는 연설로 유명한 그는 1963년 텍사스주 댈러스에서 총격을 받아 비극적으로 세상을 떠났어요. 그를 기리는 뜻에서 뉴욕 국제공항의 이름이 지금과 같이 바뀐 것이에요.

케네디 국제공항에서 맨해튼까지 가는 건 여러 방법이 있지만, 뉴요커가 되기 위해 가장 좋은 수단은 아무래도 대중교통입니다. 뉴욕은 지하철이 거미줄처럼 촘촘하게 연결되어 있는데요, 공항과 지하철 사이를 에어트레인이라는 열차가 연결해 줍니다.

눈길을 사로잡은 노란 택시, 옐로 캡

케네디 국제공항에서 맨해튼까지 가는 또 다른 선택지는 옐로 캡입니다. 옐로 캡yellow cab은 이름 그대로 노란 택시를 뜻하는데, 엄밀히 말하자면 주황색과 노란색 사이의 색깔을 띠고 있어요. 옐로 캡은 뉴욕 거리의 대표적인 상징으로 워낙 영화나 뉴스에 자주 등장하다 보니 한 번은 타 봐야 할 것 같은 묘한 이끌림이 있습니다.

옐로 캡의 모습은 '명시성'과 관련이 깊습니다. '명시성'은 두 가지 이상의 색, 선, 모양을 대비시켰을 때 금방 눈에 뜨이는 성질을

노란색과 검은색의 조합으로 멀리서도 단박에 눈에 띄는 뉴욕의 택시, 옐로 캡.

말합니다. 명시성을 높이는 최고의 색채 조합은 노란색과 검은색인데요, 노란색 차체와 검은색 바퀴로 구성된 옐로 캡의 구성에 딱 맞아떨어집니다. 택시 회사의 숨은 전략 덕에 뉴욕의 명물이 된 옐로 캡은 손님을 넘어 다른 운전자에게도 눈에 잘 띄어 사고 확률을 줄이는 묘책이기도 하지요.

맨해튼의 보물, 센트럴파크

맨해튼 중심부에 있는 센트럴파크는 우리말로 중앙공원 정도로 바꿔 부를 수 있지만, 공원이라고 부르기엔 규모가 압도적입니다.

센트럴파크의 면적은 3.41km² 로 축구장 면적의 약 480배에 이를 정도로 넓습니다. 이 정도의 면적을 오롯이 녹지 공간으로 할애한 덕에 복잡한 도시 속에서 숨 쉴 공간이 마련되었죠. 드넓은 센트럴파크는 나무 한 그루, 연못 하나가 모두 철저한 계획으로 만들어진 인공적인 공간이라는 점에서도 놀랍습니다.

센트럴파크 속 사람들은 제각각의 활동으로 분주합니다. 이어폰을 끼고 활기차게 달리는 사람, 녹음의 호숫가를 잇는 다리에서 사진을 찍는 사람, 작은 보트에 몸을 싣고 이야기를 나누는 사람, 탁 트인 잔디가 인상적인 시프 메도Sheep Meadow에서 돗자리를 펴고 일광욕을 즐기는 사람 등은 센트럴파크를 아름답게 만드는 평화로운 풍경입니다. 시프 메도는 지금의 모습으로 재탄생하기 전, 잠시 양을 키우는 목초지로 활용되었어서 붙은 이름입니다. 풀밭에 누워 푸른 하늘을 바라보고 그 사이로 뾰족뾰족 얼굴을 내민 높은 빌딩을 감상하는 건 센트럴파크의 또 다른 묘미입니다.

센트럴파크는 건물이 빼곡하게 들어찬 맨해튼 한복판을 차지하고 있습니다. 센트럴파크의 설계자인 프레더릭 로 옴스테드는 이렇게 말했습니다. "이곳을 공원으로 만들지 않으면, 100년 후에는 이 공원과 같은 크기의 정신 병원이 필요할 것이다."

2021년 여러 연구 기관이 힘을 모아 세계 60개 국가의 도심 녹지 공간에 관한 효과를 분석한 바 있습니다. 이 연구에서 경제 수준과 관계없이 도심에 녹지가 많을수록 시민이 더 행복감을 느낀다는

센트럴파크와 고층 건물들이 어우러진 뉴욕의 도심 풍경.

결론을 냈죠. 그도 그럴 것이 숲이 우거진 산책로나 넓은 잔디를 바라볼 수 있는 공원 벤치는 답답한 마음을 시원하게 걷어 내는 효과를 주니까요.

센트럴파크와 같은 도심 녹지 공간은 도시의 열섬 현상을 억제하는 효과를 주기도 합니다. 건물이 밀집해 있고 사람과 자동차가 많이 오가는 도심은 에어컨을 가동하면서 방출되는 열, 배기가스 열, 콘크리트가 흡수하는 태양열 등으로 주변 지역보다 기온이 높습니다. 이를 열섬 현상이라고 하지요. 나무는 광합성 작용을 하면서 주변에 수분을 내보내는 증산 효과를 냅니다. 나무의 몸에서 나온 수분은 주변의 열에너지를 흡수하여 기온을 낮추는 효과를 주지요.

화려한 빌딩 숲을 따라 걷는 길

센트럴파크에서 7번가를 따라 내려가면 브로드웨이와 만나는 교차로에서 압도적인 광고판을 만납니다. 이곳은 바로 타임스스퀘어입니다. 여기서부터는 워낙 유명한 볼거리가 많아 걸어서 이동하는 걸 추천합니다.

타임스스퀘어는 본래 말을 사고팔거나 마차를 만들던 공간이었습니다. 1880년대 맨해튼에 본격적으로 전기가 공급되면서 마천루 건설의 붐이 일고, 1899년 극장이 들어서고 브로드웨이 연극과 뮤지컬 공연이 활성화되면서 지금의 모습으로 변해 왔어요. 높은 건물과 극장, 상점, 음식점, 신문 가판대 등이 거리를 가득 채워 온 것이죠.

공연장과 극장이 즐비한 브로드웨이를 따라 내려가면 또 다른 광장인 헤럴드스퀘어를 만납니다. 그곳에서 오른쪽으로는 메이시스 백화점이 있고, 왼쪽으로는 그 유명한 엠파이어 스테이트 빌딩이 있어요. 백 년이 넘게 영업을 이어 온 메이시스 백화점을 둘러보고, 세계 최초로 100층을 넘긴 엠파이어 스테이트 빌딩 전망대에 올라 봅니다. 타임스스퀘어가 속한 미드타운 전체를 한눈에 볼 수 있을 거예요.

반짝이는 광고판들로 밤에도 환한 타임스스퀘어의 모습.

엠파이어 스테이트 빌딩의 높이는 381m입니다. 건물이 지어진 1931년 기준에서 보면 유래를 찾기 힘들 정도로 높게 지은 것입니다. 타의 추종을 불허하는 수준으로 건물을 높인 탓에 엠파이어 스테이트 빌딩은 41년 동안 세계에서 가장 높은 빌딩이라는 타이틀을 보유했죠. 이후 1973년 맨해튼의 최남단 지역인 로어 맨해튼에 세계 무역 센터가 417m의 높이로 지어지면서 왕위를 넘겨주게 되었어요. 2001년 9·11 테러로 세계 무역 센터 두 동이 안타깝게 무너졌지만, 다시 그 자리에 541m의 원 월드 트레이드센터가 들어서면서 미국에서 가장 높은 빌딩은 여전히 맨해튼에 자리 잡고 있습니다.

가운데에 높이 솟은 건물이 1931년 완공된 엠파이어 스테이트 빌딩이다.

마천루는 공간을 위로 확장하는 훌륭한 방식입니다. 어린 시절 가지고 놀던 블록을 생각해 보세요. 10개의 같은 블록을 바닥에 넓게 깔지 않고 하나씩 쌓아 올리면 어떤 효과가 나타날까요? 하나의 블록이 차지하는 바닥 면적만으로 10개 블록이 차지하는 면적의 효과를 낼 수 있습니다. 뉴욕 맨해튼과 같은 대도시는 워낙 땅값이 비싸 수평으로 많은 면적을 갖기는 어렵습니다. 그래서 수직으로 면적을 넓혀 공간을 확보하는 일이 생겨났고, 이는 마천루의 본격적인 성장을 이끌었습니다.

때마침 1852년 최초의 현대적 엘리베이터를 발명한 엘리샤 오티스가 고층 빌딩을 수직으로 오가는 엘리베이터를 발전시켰지요. 엘리베이터가 있었기에 맨해튼에 즐비한 마천루의 본격적인 성장 또한 가능했습니다. 미드타운에서 로어 맨해튼까지 걷는 동안 만나는 무수히 많은 마천루는 이곳 땅값이 매우 높고, 오가는 사람과 차량이 매우 많음을 알리는 이정표와 같습니다.

로어 맨해튼에서 만나는 세계 경제의 심장

마천루 숲을 지나 아래쪽으로 걸으면 월스트리트를 만납니다. 이곳은 세계 금융의 중심지로 유명하지요. 이름이 월스트리트인 건 과거 네덜란드 식민지 시절 이곳에 성벽wall이 있었기 때문입니다. 월스트리트에는 뉴욕 증권 거래소를 비롯해 세계 금융 시장을 좌지우지하는 수많은 금융 기업의 본사가 있습니다. 거대한 돈의 흐름을 조정하고 재분배하는 공간이라고 할 수 있지요. 월스트리트 앞에 있는「돌진하는 황소」동상은 주식시장의 활기를 상징합니다. 황소가 강한 뿔로 상대를 들어 올리듯 주식 가격도 상승하길 바라는 마음이 담겨 있지요.

월스트리트를 지나 한동안 걸으면 뉴욕 지하철 1호선의 시작이자 끝에 해당하는 사우스페리역이 나옵니다. 역 바로 앞에 있는 스태튼섬 페리 선착장에 가면 건너편에 있는 자유의 여신상을 바라보거나, 동상이 있는 리버티섬으로 가는 배를 탈 수 있습니다. 1984년 유네스코 세계유산에 등재된 자유의 여신상은 뉴욕을 넘어

월스트리트 앞 「돌진하는 황소」 동상.

미국을 대표하는 랜드마크로 매우 유명하죠. 그런데 이 자유의 여
신상을 만든 건 프랑스라는 사실, 알고 있었나요?

프랑스는 19세기 말 미국 독립 100주년을 기념하여 국민이 직접
모금한 돈으로 만든 뜻깊은 동상을 미국에 선물했습니다. 자유의
여신상은 프랑스에서 만들어진 후, 수십 개의 조각으로 분해되어
바다를 건너 다시 미국에서 조립되는 독특한 과정을 거쳐 지금의

리버티섬의 자유의 여신상.

자리에 섰어요. 자유의 여신상은 받침대와 동상을 합하면 높이가
93.5m에 이릅니다. 자유의 여신상 왕관에 마련된 전망대에 오르면
거대한 맨해튼섬을 한눈에 조망할 수 있습니다. 7개의 대륙을 상징
하는 뿔 달린 왕관을 쓰고, 왼손에는 독립선언서, 오른손에는 횃불
을 들고 선 자유의 여신상은 '세계를 밝히는 자유'라는 이름으로
오늘날 미국의 건국 정신을 상징합니다.

　자유의 여신상은 세계적으로 흥행한 영화「타이타닉」의 마지막
장면에도 등장합니다. 거대한 난파선에서 간신히 살아남아 삶을
이어 갈 수 있게 된 주인공 로즈가 뉴욕항으로 들어가는 와중에 자

유의 여신상을 바라봅니다. 그 장면에는 안도와 희망이 담겨 있습니다. 자유의 여신상은 뉴욕항으로 들어오는 뱃길을 안내하는 등대의 역할을 하는 한편 미국에 온 이민자를 환영하는 상징으로 여겨지기도 하거든요.

영화와 소설 등으로 이미 우리에게 친숙한 뉴욕 맨해튼, 이렇게 알고 보니 다르게 느껴지지 않나요? 다양한 역사와 문화를 간직하고 있는 뉴욕 맨해튼을 다시 한번 바라보는 계기가 되길 바랍니다.

맨해튼섬은 가라앉는 중

맨해튼은 섬입니다. 맨해튼을 둘러싼 허드슨강과 이스트강 그리고 할렘강 때문에 다리나 배 없이는 맨해튼에 갈 수 없지요. 지도를 펼치면 맨해튼은 좁게는 어퍼만과 로어만, 넓게는 대서양과 롱아일랜드 해협을 향해 열린 공간임을 알 수 있어요. 허드슨강이라는 굵직한 하천과 이스트강을 통해 들어오는 롱아일랜드 해협의 바닷물, 그리고 로어만에서 어퍼만으로 진입하는 와중에 불쑥 돌출한 부분이 바로 맨해튼섬입니다. 자유의 여신상은 그 입구에서 환영하듯 손을 들고 있지요.

수백 개의 고층 빌딩을 버티고 있는 맨해튼섬의 땅은 단단합니다. 그런 땅을 기반암이라고 부르는데요, 맨해튼의 기반암은 약 4억 5천만 년에서 10억 년 전쯤에 만들어진 맨해튼 편암, 인우드 대리석, 포드햄 편마암이 주를 이룹니다. 아주 오랜 세월을 견디면서 맨해튼의 든든한 뿌리 암석으로 남았다는 공통점이 있지요.

맨해튼은 공간에 따라 마천루의 밀도가 달라지는 특징도 있습니다. 맨해튼을 옆에서 보면 유달리 고층 건물의 밀도가 낮은 지역이 눈에 띕니다. 바로 미드타운과 로어 맨해튼 사이의 공간입니다. 이 공간의 평균 건물의 높이가 상대적으로 낮은 건 어째서일까요? 어떤 사람은 기반암의 영향으로 보기도 합니다. 더 쉽게 땅을 팔 수 있는 곳과 그렇지 않은 곳의 차이 때문이라고요. 하지만 단단한 기

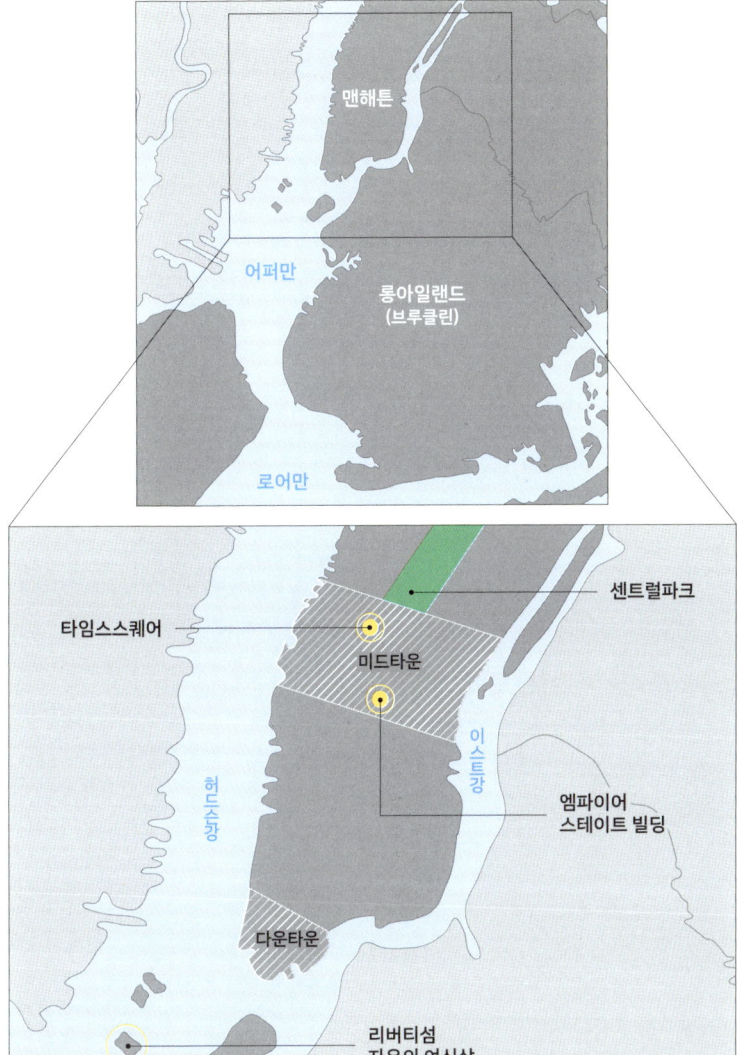

맨해튼

어퍼만

롱아일랜드
(브루클린)

로어만

센트럴파크

타임스스퀘어

미드타운

이
스
트
강

엠파이어
스테이트 빌딩

허
드
슨
강

다운타운

리버티섬
자유의 여신상

맨해튼 지도.

반암이 있어도 공사비가 없다면 땅을 파지 못할 겁니다. 높은 건물이 지어지는 건 자본과 수요가 결정한다고 보는 게 맞습니다. 물결치듯 변주하는 맨해튼의 스카이라인에는 공간에 대한 수요의 차이가 반영된 것이지요.

맨해튼 여행자라면 기후 위기를 기억해야 합니다. 해수면과 가까운 맨해튼의 위치 특성상 바닷물의 높이가 오르면 침수될 우려가 크기 때문입니다. 한 연구에 따르면 맨해튼의 지반 침하가 진행 중이라고 합니다. 고층 건물들의 압도적인 철근 콘크리트의 무게를 감당하기 버거워 해마다 평균 1~2mm 가라앉는다는 분석도 있습니다. 만일 지반 침하가 해수면 상승과 맞물리면 맨해튼 일대가 물에 잠기는, 영화와 같은 일이 벌어질 수도 있습니다. 뉴욕 행정부가 꾸준히 맨해튼 일대에 방파제와 배수 시설을 늘려 침수를 대비하는 건 이러한 지리적 조건과 무관하지 않습니다.

오래된 철도 기지 허드슨야드의 변신

맨해튼 미드타운 서쪽에 가면 최신식 고층 빌딩이 즐비한 허드슨야드가 눈길을 끕니다. 허드슨강을 따라 철도 기지가 있던 곳이라 허드슨야드라는 이름이 붙은 공간이에요. 뉴욕, 그중에서도 맨해튼이라는 좋은 위치의 땅을 철도 기지로만 쓴다는 것을 내버려둘 수 없는 사람들이 많았고, 2012년부터 시작된 도심 개발 사업을 통해 지금의 모습을 하게 되었지요.

허드슨야드에서 남쪽으로 조금 내려오면 하이라인 공원을 만납니다. 철거 예정이었던 약 2.3km의 옛 고가 화물 철로가 사람의 노력으로 공원으로 재개발된 곳이에요. 빌딩과 빌딩 사이를 가까이 누비면서 쉬고 먹고 석양까지 바라볼 수 있는 훌륭한 도심 공원으로, 긴 선로를 따라 각양각색의 식물이 자리를 잡고 있지요. 편히 쉴 수 있는 여러 형태의 벤치도 마련해 두어 자연스럽게 사람들이 모여들게 되었습니다.

맨해튼의 하이라인 공원.

허드슨야드와 하이라인 공원은 우리나라의 용산과 서울로7017이 벤치마킹한 것으로 유명합니다. 일제 강점기부터 철도 기지가 있던 용산역 부근의 땅은 국제 업무 지구로 재탄생할 예정이에요. 서울로7017은 쓰임을 다한 서울역 고가 차도를 보행자 전용 공간으로 만든 것이죠. 두 도심 재개발 사업은 도시화 및 재개발의 역사가 깊은 뉴욕 맨해튼에서 성공한 프로젝트가 큰 영향을 주었습니다. 참고로 서울도 7017은 고가 차도가 만들어진지 70년, 완공된 해인 2017년, 고가의 높이인 17m 등을 활용해 지은 흥미로운 이름입니다.

우리나라의 서울로7017.

프랑스 · **파리**

낭만 뒤에 놓인
제국주의의 유산

파리를 배경으로 한 영화 「미드나잇 인 파리」의 포스터는 참 매력적이고 낭만적입니다. 하늘은 빈센트 반 고흐의 「별이 빛나는 밤」으로 채워 몽환적인 분위기를 자아내고, 포스터 속 주인공은 센 강을 따라 걷습니다. 강 건너에는 5층 내외로 지어진 단정한 주택가가 가지런한 모습으로 안정감을 줍니다. 기대와 설렘에 찬 눈으로 먼발치를 바라보며 걷는 주인공과 어우러진 파리의 풍경은 한 폭의 그림처럼 아름답습니다.

영화가 이끄는 대로 따라가면 노트르담 대성당을 만나고, 요한 23세 광장과 팡테옹을 만납니다. 어디 그뿐인가요? 루브르 박물관을 비롯해 튀일리 정원, 방돔 광장, 몽마르트르 언덕 등 영화 속 배

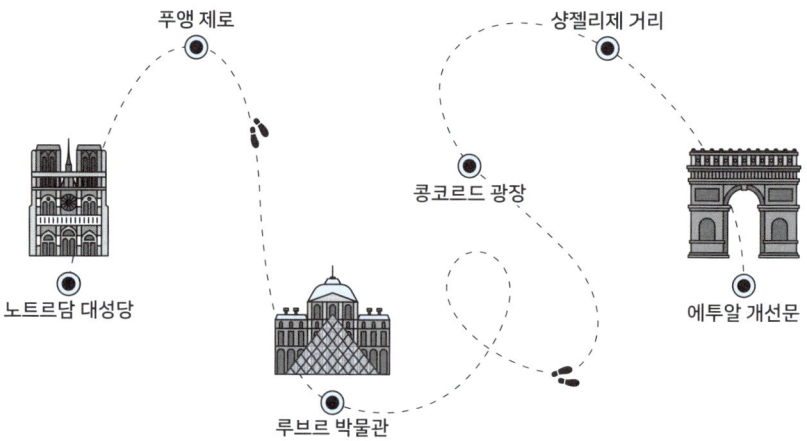

경 하나하나가 파리의 명소입니다. 영화의 홍보 문구처럼 낭만의 도시 파리는 꿈같은 로맨스를 기대하는 여행자의 마음을 들뜨게 만듭니다.

이번 여행지는 파리입니다. 문화와 예술의 세계 수도라고 불리는 파리는 그곳에 있는 것만으로도 인문학적 감상에 젖게 하지요. 예술을 사랑하고 감성이 충만한 파리지앵, 파리지엔의 마음으로 파리 시내의 여행지를 함께 걸어 보면 좋겠습니다.

샤를 드골 공항에서 노트르담 대성당까지

해외에서 출발한 파리 여행자는 십중팔구 파리 샤를 드골 공항에 내립니다. 공항의 이름을 듣고 떠오르는 사람이 있나요? 샤를 드골은 프랑스의 제18대 대통령입니다. 그는 군 장교이자 정치인으로 제2차 세계대전에 참전하였고, 나치의 압제에서 프랑스를 해방시킨 인물이지요.

샤를 드골 공항에서 파리 시내까지는 광역 급행 철도, 공항 리무진, 택시 등의 교통수단을 이용해 갈 수 있습니다. 추천하자면 광역 급행 철도를 타 보는 것도 좋아요. 약 30km 거리의 파리 도심까지 30~40분에 주파하는 매력적인 교통수단이랍니다.

열차를 타고 유서 깊은 생 미셸-노트르담역에 도착하면 그 유명한 노트르담 대성당을 만납니다. 노트르담 대성당은 고딕 양식의 성당이에요. 고딕 양식은 중세 말에 유럽에서 번성했는데요, 뾰족한 아치를 가진 창문과 아치형 지붕 그리고 하늘로 닿고 싶은 종교적 열망이 표현된 첨탑이 주된 구성 요소입니다. 노트르담 대성당은 고딕 양식의 성당 중에서도 가장 이른 시기에 해당하는 12세기 중엽부터 짓기 시작해, 여러 번의 시행착오와 우여곡절을 겪으면서 1345년에야 완성할 수 있었어요. 노트르담 대성당 앞 광장에 서면 강력했던 중세 가톨릭의 위세를 간접적으로 경험할 수 있을 거예요.

노트르담 대성당은 워낙 상징성이 강하고 역사가 오래되어 얽힌 이야기가 많습니다. 1789년 프랑스혁명 직후에는 크게 훼손되어 철거하자는 주장이 나오기도 했어요. 그 당시 소설가 빅토르 위고는 『파리의 노트르담』이라는 작품을 통해 대성당의 철거 위기를 사람들에게 알리며 보존을 위해 노력했지요. 나폴레옹 보나파르트

고딕 양식으로 지어진 노트르담 대성당에서는 중세 가톨릭교의 강력한 위세를 느낄 수 있다.

는 이곳에서 황제 대관식을 열어 대성당의 위상을 높이기도 했습니다.

　2019년 4월 15일, 노트르담 대성당은 큰 화재로 위기를 맞습니다. 10시간 동안이나 타들어 가는 대성당의 모습이 생중계되었고 파리 시민은 물론 세계인에게 커다란 충격을 안겼어요. 다행히 5년이 지난 2024년 11월에 복원을 완료하여 이제는 다시 여행객을 맞고 있습니다. 혹시 방문하게 된다면 아름다운 성당의 내부를 꼭 들러 보길 추천합니다.

파리의 중심지, 시테섬

성당 내부 관람을 마치고 광장에 가면 만날 수 있는 흥미로운 표지가 있습니다. 바로 포인트 제로입니다. 프랑스식으로 말하자면 푸앵 제로가 될 텐데요, 이는 파리에서부터 프랑스 전역의 주요 도시까지의 거리를 재는 기준점입니다. 우리나라 광화문 광장에 있는 도로원표와 쓰임이 같지요. 도로원표는 어떤 도로의 시작과 끝 또는 그 중간을 알리는 표식입니다. 광화문은 조선의 법궁이었던 경복궁의 정문이죠. 국가 권력의 중심부에 도로원표를 둬 각 도시까지의 거리를 알게 한 것입니다.

프랑스 파리의 중심지는 노트르담 대성당이 있는 시테섬입니다. 시테cité는 '도시'를 뜻하는 프랑스어예요. 시테섬은 센강 중간에 자연적으로 만들어진 섬으로, 지리적으로는 하천 중간에 있는 섬이라 하여 하중도河中島라 부릅니다. 시테섬에는 노트르담 대성당을 비롯해 생트샤펠 성당, 법원 청사와 병원, 파리 경찰청 청사가 있습니다. 왜 이렇게 중요한 건물들을 섬에 둔 걸까요?

절대 권력을 휘두르던 시기의 로마 제국은 시테섬을 세력을 넓히기 위한 요새로 사용했습니다. 센강 뱃길을 따라가면 지금의 영국에 닿을 수 있었거든요. 시테섬은 오래전부터 뱃길을 따라 대서양과 내륙 지역을 자유롭게 오갈 수 있는 중심지였습니다. 여담으로, 시테섬 일대를 차지하고 살던 부족 중 하나가 바로 파리지Parisii였고, 이것이 파리의 어원이 되었습니다. 파리지는 오늘날에도 여러 프랑스인 이름의 성이기도 합니다.

강의 한가운데 떠 있는 섬이 수도인 파리의 중심지 역할을 할 수 있었던 이유가 또 있어요. 시테섬을 품은 센강은 연중 수위가 비교적 일정한 하천입니다. 오랜 시간 안정적으로 권력의 중심지로 기능하려면 강이 크게 범람하는 일은 없어야겠지요. 홍수가 나서 섬 전체를 물이 덮는 상황이 펼쳐지면 중심지의 기능은 순식간에 무력화될 테니까요.

강의 수위가 일정하다는 건 비가 연중 고르게 내린다는 겁니다. 파리는 서안해양성 기후의 영향을 받아요. 서안해양성 기후는 서유럽 해안에 나타나는 기후로 편서풍이 부는데요. 편서풍은 지구의 자전으로 만들어지는 바람이라 항상 일정하게 불어옵니다. 대서양을 지나오는 바람은 물기를 많이 머금고 있습니다. 그러다 보니 파리는 습하거나 구름이 끼거나 비가 오는 날이 많죠. 하천을 흐르는 물의 양은 비교적 일정하기 때문에 수위가 안정적이고요. 이와 같은 지리적 조건 덕에 시테섬은 오랜 시간 동안 파리의 중심지로 자리매김할 수 있었습니다.

루브르 박물관과 제국주의

시테섬을 한 바퀴 둘러본 뒤 발걸음을 옮깁니다. 유유히 흐르는 센강을 걸으면 루브르 박물관이 반깁니다. 루브르 박물관은 소장품의 수와 질적인 면에서 뉴욕의 메트로폴리탄 미술관, 영국의 대

화려한 명성과 동시에 짙은 그림자를 지닌 루브르 박물관.

영 박물관과 함께 세계적으로 손꼽힙니다. 1682년, 루이 14세가 루브르 궁전에서 베르사유 궁전으로 거처를 옮기면서 루브르 궁전의 역할이 달라지기 시작했다고 해요. 수많은 예술품이 모이면서 박물관의 모습을 갖추어 갔지요.

사실 루브르 박물관은 화려한 명성만큼이나 그림자가 짙은 곳입니다. '인류 문화의 보고'라는 별명에서 알 수 있듯 이곳에는 국적을 가리지 않는 세계적인 유물이 넘쳐납니다. 다른 나라의 유물이 많다는 건 둘 중 하나입니다. 훔쳐 왔거나 사들인 거죠. 루브르 박물관은 이 두 가지를 모두 병행하면서 인류사적 유물을 대량으로 수집했습니다. 그렇다 보니 이집트의 미라를 전시하는 루브르 박물관이 과연 프랑스 박물관인지에 관한 논쟁도 있습니다. 제국주의가 기승을 부리던 때 식민지에서 유물을 가져왔고 대륙을 호령하던 나폴레옹 시대에도 많은 유물이 프랑스로 흘러들었습니다. 그런데 그 반대의 경우도 있었습니다. 제2차 세계대전 기간 중 나치 독일이 파리를 점령했을 때 약 10만 점의 예술품을 나치가 약탈해 간 것이지요. 이렇게 보면 전쟁을 통한 문화재 약탈은 꽤 익숙한 이야기입니다. 그렇지만 문화재 약탈을 승자의 전리품처럼 여기는 행위는 어떤 이유로든 정당화될 수 없을 것입니다.

루브르 박물관을 지나 튀일리 공원을 지나면 바로 콩코르드 광장입니다. 이 광장은 프랑스에서 가장 넓은 면적을 자랑하는 광장인데요, 프랑스혁명 중에 루이 16세와 왕비 마리 앙투아네트가 처형된 역사적인 공간이기도 합니다. 주변을 둘러보면 클로드 모네와 같은 인상파 화가의 그림이 전시된 오랑제리 미술관이 보입니다. 프랑스어로 오랑제리orangerie는 오렌지 등의 나무를 겨울 동안 온실로 보호하는 전용 건물을 뜻하는데요, 루브르 박물관이 왕궁으로 쓰이던 시절의 온실이 리모델링을 거쳐 지금의 미술관이 되었기에 붙은 이름입니다. 파블로 피카소, 앙리 마티스, 폴 세잔, 피에르오귀스트 르누아르 등 유명 화가의 작품이 많아 오랑제리 미술관은 늘 사람으로 북적입니다.

콩코르드 광장에서 가장 눈에 띄는 건 뾰족하게 높이 선 룩소르

높이 솟은 콩코르드 광장의 오벨리스크.

아문 신전의 오벨리스크입니다. 오벨리스크는 전쟁의 승리를 기념하거나 왕의 업적을 새겨 넣는 일종의 기념비인데요, 룩소르 오벨리스크는 이집트의 파라오 람세스 2세가 재위하던 때인 기원전 1250년 무렵에 만들어졌습니다. 그런데 어째서 이집트가 아닌 프랑스에 있는 걸까요?

나폴레옹이 이집트 원정에 나서면서 프랑스는 룩소르 아문 신전의 오벨리스크에 지대한 관심을 보이기 시작했어요. 이후 1830년 이집트 케디브국의 부왕 무함마드 알리가 프랑스에 선물하며, 1836년에 콩코르드 광장으로 옮겨졌지요. 그래서 지금 우리가 파리 한복판에서 고대 이집트의 번성했던 흔적을 만날 수 있는 것입니다.

콩코르드 광장에서 샹젤리제 거리를 따라 개선문까지

콩코르드 광장 앞으로는 저 멀리 에투알 개선문까지 시원하게 뻗은 샹젤리제 거리가 보입니다. 길이 약 2km, 폭 약 70m에 달하는 도로는 정확히 룩소르 오벨리스크에서 에투알 개선문이 있는 샤를 드골 광장으로 이어지는 모양새입니다. 샹젤리제는 고대 그리스인이 믿던 행복한 영혼의 사후 세계를 뜻하는데요. 그 이름처럼 아름다운 거리로 평가받고 있답니다.

샤넬, 에르메스, 루이비통 등의 명품 가게와 세계 각국의 대사관, 오래된 카페들이 네모반듯하게 정돈된 플라타너스 사이사이로 샹젤리제 거리를 풍성하게 채우고 있죠. 샹젤리제는 명실상부 파리 최대의 번화가입니다.

하지만 도로를 지나는 수많은 차량의 매연은 거리의 아름다움을 반감시킵니다. 통계에 따르면 샹젤리제 거리에서는 하루 약 6만 대 이상의 차량이 소음과 매연을 뿜어낸다고 합니다. 그런 문제점을 인식해 파리 정부는 8차선이던 차도를 절반으로 줄이고 조금 더 보행자 친화적이고 녹지가 많은 공간으로 샹젤리제 거리를 재편하고자 노력하기도 했습니다.

쭉 걸어가다 보면 거대하고 화려한 에투알 개선문과 샤를 드골 광장을 마주합니다. 에투알 개선문은 프랑스혁명과 나폴레옹 전쟁에서 죽은 전사자를 기리기 위해 세워졌습니다. 개선문의 안쪽에는 전쟁 영웅의 이름이 새겨져 있고, 개선문 아래에는 제1차 세계대전에서 전사한 이름 모를 용사를 기리는 무덤이 있습니다.

에투알 개선문이 완공된 1836년 이후, 이를 모델로 세계 여러 나라의 개선문이 만들어졌어요. 멕시코, 러시아, 북한의 개선문 등은 모두 에투알 개선문을 본떠 만들었고 우리나라의 독립문 역시 비슷한 형태를 취하고 있지요. 개선문의 원조 격인 건축물은 기원후 81년경에 건립된 로마의 티투스 개선문입니다. 설립 목적이 유대인과 치른 전쟁의 업적을 기리기 위한 것이라 하니, 국가적으로 의미가 큰 일을 기념하는 데 개선문이 오래전부터 활용되었음을 미루어 짐작할 수 있습니다.

에투알 개선문에서 콩코르드 광장 방향으로 바라본 샹젤리제 거리.

에투알 개선문에 올라 둘러보는 파리의 풍경

간 김에 개선문에 올라 봅시다. 에투알 개선문 지붕에서 맞는 파리의 도시 풍경은 탄성을 자아낼 정도로 아름답거든요. 일단 전망대 테라스에 서면 크게 세 가지를 주목해야 합니다. 하나는 에펠탑, 다른 하나는 라데팡스, 마지막으로 방사형으로 시원하게 뻗은 도로망입니다. 하나씩 살펴볼까요?

개선문에서 남쪽을 바라보면 넓고 푸르른 마르스 광장 위로 그 유명한 에펠탑이 보입니다. 프랑스혁명 100주년과 파리 만국박람

회를 기념하기 위해 1889년 지어진 에펠탑은 높이가 약 324m에 이르는 철골 구조물입니다. 뉴욕 맨해튼의 마천루가 본격적으로 성장하기 전까지 세계에서 가장 높은 건축물로 명성이 자자했지요. 지금은 누구나 아는 파리의 상징이지만, 건축 당시엔 도시의 경관을 해친다고 비난을 받고 심지어 한때는 철거의 위기도 맞았을 정도로 우여곡절이 많았어요.

테라스에서 자리를 옮겨 서쪽을 바라보면 지금까지 본 파리의 도시 경관과는 전혀 다른 빌딩 숲을 만납니다. 바로 라데팡스입니다. 라데팡스는 다른 파리 도심과는 이질적인 느낌을 주기에 의도적으로 멀리 떨어진 거리에 조성한 현대적 공간입니다. 샹젤리제 거리에서 에투알 개선문을 통과해 계속 걸어가면 만날 수 있는 파리의 부도심이죠. 우리나라로 치면 강남, 뉴욕으로 치면 허드슨야드에 해당하는 파리의 현대적 공간이라 할 수 있습니다. 금융 지구, 고차 상업 지구, 첨단 업무 지구 등이 주를 이루는 라데팡스에서 유독 눈에 띄는 건 그랑데 아르슈, 즉 신新 개선문입니다. 에투알 개선문에서 신 개선문을 바라보면 과거의 내가 현재의 나를 보는 것처럼 묘한 감정이 느껴져요. 신 개선문은 프랑스혁명 200주년을 기념하기 위해 지은 뜻깊은 건축물이라는 점에서 에투알 개선문과 닮았습니다.

에투알 개선문에서 마지막으로 주목할 건 12갈래로 뻗어 나간 도로망입니다. 개선문을 둘러싼 샤를 드골 광장을 중심으로 12개

에투알 개선문을 중심으로 뻗어 나간 도시의 풍경.

의 도로가 각자의 방향으로 시원하게 뻗어 있지요. 이와 같은 독특한 형태의 도로망이 만들어지게 된 계기는 뜻밖에도 프랑스혁명입니다. 프랑스혁명과 같은 시민 봉기는 권력자에게 두려운 일입니다. 그래서 비슷한 봉기가 일어나기 어렵도록 사람이 모이는 것을 통제하기 위해 구상한 게 방사형의 도로망이었죠. 커다란 광장의 입구를 통제하면 시민이 모여 궐기할 수 있는 공간은 좁은 도로가 전부입니다. 그래서 큰 시위로 번지는 일을 효과적으로 막을 수 있다고 본 것이고요.

이 대목에서 문득 우리가 겪은 일제 강점기가 떠오릅니다. 대한 제국 시기까지 사대문 중심의 성곽 도시였던 한양은 일제가 놓은 전차의 도입으로 해체되고 말았거든요. 일제는 조선의 좁고 구불구불한 길을 자로 대고 그은 것처럼 쭉 펴 놓았지요. 오늘날 광화문에서 서울 광장을 지나 숭례문으로 이어지는 넓은 도로 역시 일제가 효율적으로 통치하기 위한 셈법이 숨어 있습니다.

센강의 작은 시테섬에서 출발한 파리는 오랜 시간 동안 점진적으로 확장하면서 지금과 같은 모습으로 발전했습니다. 그 과정에서 중요했던 건 범람하지 않는 센강의 지리적 조건과 획기적인 도시 계획입니다. 정비할 건 확실하게 정비하고 보존할 건 확실하게 보존하는 전략이 오늘날 파리의 풍경에 잘 남아 있습니다. 고풍스러운 근대의 도시 경관 사이를 굽이치는 센강의 아름다운 모습! 파리를 근대의 수도이자 낭만의 도시라 부르는 까닭입니다.

파리를 담은 그릇, 몽마르트르 언덕과 케스타 지형

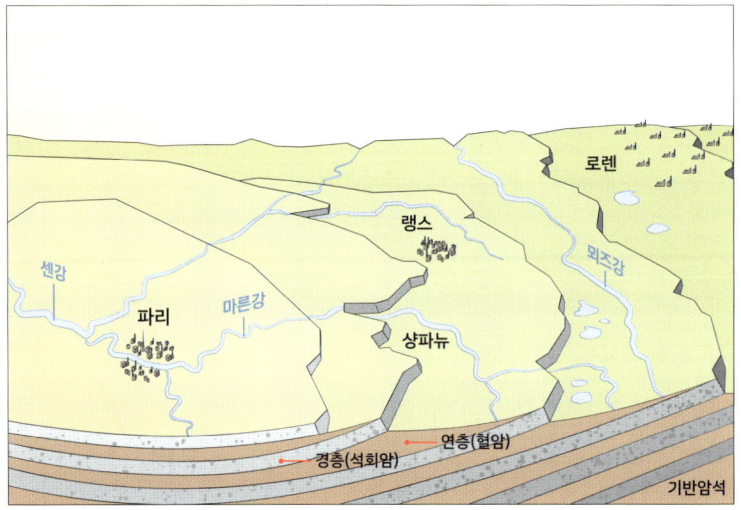

파리 일대를 보면 지층이 한 겹씩 포개어 있는 듯한 공간에 파리, 랭스, 샹파뉴 등 시가지가 조성되어 있고 그 사이를 센강, 마른강, 뫼즈강과 같은 물길이 흐릅니다. 이렇게 낮은 습지 공간과 물길이 모일 수 있는 넓은 분지 모양의 공간이 있는 지형을 케스타 지형이라고 부릅니다.

맛있는 시루떡으로 예를 들어 볼까요? 시루떡을 차곡차곡 쌓아 네 겹 정도의 먹음직스러운 모양으로 만듭니다. 이를 한 방향으로만 힘주어 밀어내면 어떻게 될까요? 네 개의 층으로 겹겹이 쌓인 시루떡은 전체적으로 일정한 방향으로 구부러지겠죠? 여기서 문제는 각각의 층이 서로 다른 성질을 지니고 있다는 점입니다. 구부러진 채로 오랜 시간 세월의 풍파를 견디다 보면 어떤 곳은 빨리 깎여 나가고, 또 어떤 곳은 덜 깎여 나갈 거예요. 그래서 높고 낮은 언덕이 연속적으로 나타나는 모양이 갖춰지고요. 어느 한 지역을 중심으로 점차 물결치듯 변화하는 땅의 모습이 바로 케스타 지형입니다. 여기서 말하는 어느 한 지역이 바로 시테섬이고요.

파리 분지가 거대한 케스타 지형의 일부라는 건 몽마르트르 언덕을 통해 확인할 수 있습니다. 높이가 약 129m인 몽마르트르 언덕은 파리에서 가장 높은 언덕입니다. 프랑스어 몽mont은 작은 언덕, 마르트르martre는 순교자를 뜻하니 '순교자의 언덕'이라는 뜻

빈센트 반 고흐가 그린 몽마르트르 언덕 전경(1886).
석고 광산이 번성하던 시절이라 풍차가 주요 경관으로 나타난다.

이네요. 19세기 말에서 20세기 초 몽마르트르 언덕의 카페에선 여러 예술가가 모여 교류했다고 해요. 특히 빈센트 반 고흐가 근처에 살며 주변 풍경을 그림으로 남겼지요. 고흐가 그린 몽마르트르 그림 몇 점을 보면 지금과는 전혀 다른 언덕의 풍경에 다소 놀랍니다. 특히 눈길을 잡아끄는 건 풍차입니다.

　그림 속 몽마르트르 언덕에 풍차가 있는 건 당시 언덕에 석고 광산이 있었기 때문입니다. 석고를 풍차의 힘으로 으깨 가루로 만들어 포대에 담아 팔았거든요. 파리 외곽 언덕에 석고 광산이 많은 것역시 케스타 지형으로 설명할 수 있습니다. 시루떡처럼 차곡차곡 쌓인 지층은 과거에 얕은 바다와 같은 환경이었고, 먼 과거의 조개류, 갑각류의 외피 등이 오늘날의 석회암을 이루고 있거든요. 몽마르트르 언덕의 석고 광산은 지질 시대를 거슬러 올라 파리 분지의 옛 환경을 가늠할 수 있도록 돕습니다. 땅의 움직임을 통해 살짝 기울어지고 들어 올려진 퇴적 지층의 일부가 오늘날 파리에서 가장 높은 언덕으로 남은 것이지요.

파리 개조 사업과 젠트리피케이션

1800년대 이전의 파리는 상하수도 시설이 열악하여 비가 오는 날이면 길거리가 진흙탕이 되고, 뒷골목과 하수구에서는 오수로 인해 악취가 풍겼죠. 옛날 로마 시대에 만들어진 도로의 폭은 마차가 간신히 통과할 수 있을 정도로 좁아 교통 체증이 심했고요. 녹지와 공원 같은 시설도 부족한 상황이었어요.

파리를 지금의 모습으로 만든 건 1853년 시작된 파리 개조 사업이에요. 그 당시 파리의 시장이었던 조르주외젠 오스만 남작의 주도로 상하수도 시설을 정비하고, 도로의 폭을 과감히 넓혔지요. 그 과정에서 기존의 건물들을 허물고 정부가 토지를 사들여야 했는데, 이때 개인의 재산을 국가가 공익을 목적으로 사용하는 경우에 대한 보상 체계도 본격적으로 마련되었습니다. 이러한 사업은 다른 나라의 주요 도시들이 도시 계획을 구상하고 수행할 때 본보기가 되었지요.

귀스타브 카유보트,
「파리의 거리,
비 오는 날」(1877).

현재 파리 거리의 모습.

파리 개조 사업을 통해 파리는 아름다운 도시로 탈바꿈했습니다. 많은 도시학자가 1800년대의 파리를 근대 도시 경관의 전형이라고 평가합니다. 19세기 말까지만 해도 세계의 수도는 뉴욕이 아닌 파리였다고 보는 견해도 있고요.

하지만 이렇게 큰 변화에는 그늘도 있었어요. 허물어진 기존 주택들에 거주하던 서민들은 살던 곳을 잃고 외곽으로 밀려나고, 새로 지어진 건물과 정비된 도시는 부유한 계층이 누리게 되었습니다. 지역이 발전하고 살기 좋아지면서 거주 비용이 상승하여 원래의 주민들이 밀려나는 이러한 현상은 젠트리피케이션이라는 이름으로 지금도 곳곳에서 발생하고 있습니다. 우리나라에서도 주요한 사회 문제가 되고 있지요.

고속 열차로 누비는
거대 도시

　일본은 오랜 시간이 걸리지 않는 여행을 계획하는 사람에게 추천할 만한 여행지입니다. 도시에 따라 다르지만 가장 가까운 대도시인 후쿠오카까지는 인천국제공항을 기준으로 1시간 30분 남짓 걸리지요. 일본의 3대 도시인 오사카와 도쿄까지 범위를 넓혀도 2시간에서 2시간 30분 정도면 도달하는 거리이니, 이동에 소요되는 시간이 비교적 짧다고 할 수 있습니다.

　도시 여행을 선호한다면 일본이 좋은 선택지가 될 거예요. 일본은 우리나라와 가깝지만 도시 문법이 완전히 달라 새로운 경험을 할 수 있습니다. 또 동양 최초의 메갈로폴리스를 만나 볼 수 있지요. 메갈로폴리스는 그리스어로 거대하나는 뜻의 '메갈로'와 도시를 뜻하는 '폴리스'를 합한 말로, 대도시가 여러 개 묶여서 서로 긴밀하게 상호 작용하는 공간을 일컫습니다. 도쿄, 나고야, 오사카를 잇는 일본의 도카이도는 동양 최대 메갈로폴리스라는 타이틀을 가지고 있습니다. 메갈로폴리스는 곧 거대한 도시이니, 일본의 도시 여행은 우리나라와는 결이 다른 도시 여행의 맛을 선사합니다. 마치 질감이 전혀 다른 캔버스에 그린 그림처럼 말이지요. 이번 여행은 일본의 메갈로폴리스에서 그 매력의 근원을 파헤쳐 보겠습니다.

물길에 둘러싸인 성

첫 일본 여행이라면 아무래도 도쿄에 가 보는 게 좋습니다. 도쿄는 일본의 수도이자 최대 도시이고, 시야를 넓히면 세계에서도 손꼽히는 도시거든요. 도쿄를 여행하는 사람이라면 도쿄의 국제공항인 하네다 공항에 내릴 가능성이 큽니다. 하네다 공항은 우리나라의 인천공항처럼 간척으로 마련한 넓은 땅에 지은 공항이에요.

공항에서 내리면 거미줄처럼 연결된 지하철을 타고 도쿄의 심장인 고쿄에 들러 봅니다. 고쿄를 향하는 지하철은 마치 심장으로 향하는 정맥혈처럼 사람을 실어 나릅니다. 고쿄라는 이름이 특이하지요? 고쿄는 한자어로 황거皇居, '천황'의 집이라는 뜻입니다. 일본은 입헌 군주제를 택하고 있는 나라로, 상징적인 국가 원수인 '천황'이 있지요. 고쿄가 위치한 곳은 에도 막부 시대의 중심지이

해자로 둘러싸인 고쿄 황거의 모습.

자 막부의 우두머리인 쇼군의 집이었던 에도성이에요. 오늘날에는 일본의 상징적 인물인 '천황'이 살고 있으니 공간이 자연스럽게 대물림된 것 같습니다.

　에도성은 1923년 간토 대지진과 1945년 도쿄 공습 때 옛 모습을 많이 상실했습니다. 부분적으로 복원했지만, 성에서 가장 웅장했던 천수각은 복원하지 않았지요. 멋들어진 에도성은 물길에 둘러싸여 있습니다. 이렇게 성을 둘러 판 물길을 해자라고 하는데요, 성을 보호하는 방어 기능과 시각적 아름다움을 주는 심미적 기능을 두루 갖추고 있어요.

원한다고 해서 해자를 아무 데나 만들 수 있는 것은 아닙니다. 해자를 만들기 위해서는 물의 흐름이 원활한 지형이어야 합니다. 에도성 일대는 거대하게 쌓인 퇴적층 사이로 여러 갈래의 물이 나뉘어 흐르는 삼각주 공간입니다. 삼각주는 육지에서 강이 운반해 온 물질이 바다와 만나는 자리에서 켜켜이 쌓인 퇴적 지형이에요. 삼각주 아래로는 많은 물이 흐르고 있어서 표면을 살짝 걷어 내면 자연 물길을 찾을 수 있지요. 이러한 땅의 특성 덕분에 에도성은 깔끔한 해자를 가질 수 있었습니다.

삼각주 밑 지하수를 원하는 만큼 드러내어 만든 연못은 도쿄 곳곳에서 찾아볼 수 있습니다. 도쿄 대학의 산시로 연못, 우에노 공원의 시노바즈 연못, 신주쿠 공원의 다마모 연못 등이 그렇습니다. 도쿄돔 옆의 고이시카와 고라쿠엔 정원의 연못도 같은 원리로 조성한 것이지요.

도쿄를 움직이는 심장과 장기, 도심과 부심

에도성을 한 바퀴 둘러본 후 신주쿠구로 가 봅니다. 가는 길에 한 가지 정리하고 갈 것이 있어요. 도심과 부심이라는 개념이에요. 도심都心은 도시에서 가장 중요한 역할을 하는 심장, 부심副心은 심장을 도와 기능을 수행하는 여러 장기 정도로 볼 수 있습니다.

누군가 일본의 수도를 물으면 어떻게 대답할까요? 도쿄를 떠올리는 건 어렵지 않겠지만, 가장 정확한 표현은 도쿄도라고 말하는

도쿄의 대표적인 부심, 신주쿠구의 거리 풍경.

겁니다. 메이지 시대인 1889년에 15개 구로 이루어져 있던 도쿄시가 점차 몸집을 키우고 또 키우면서 오늘날 도쿄도가 되었죠. 도쿄도에는 무려 1400만 명 정도가 모여 삽니다. 우리나라 경기도 인구수와 비슷한 규모인데 면적은 경기도의 20% 정도에 불과하지요. 그만큼 인구 밀도가 높습니다. 이렇듯 초고밀도의 도시로 발달한 것은 정치적으로나 경제적으로나 중심지라는 의미이기도 합니다.

도쿄도의 도심은 지요다구라고 할 수 있습니다. 앞서 이야기한 고쿄의 황거와, 현재 실질적으로 일본 정부를 지휘하는 총리대신 관저가 모두 지요다구에 있습니다. 오늘날 일본의 정치와 경제를 움직이는 핵심 공간이지요. 지요다구가 도쿄도의 도심이라면 신주쿠구는 부심입니다. 도쿄도의 부심은 크게 신주쿠구, 시부야구, 이케부쿠로 거리까지 세 곳인데, 그중에서 으뜸이 바로 신주쿠구입니다.

신주쿠역에 가면 북적이는 인파에 놀랄지도 몰라요. 하루 평균 승차 인원이 60만 명에 이르거든요. 이는 우리나라 교통 중심지 중 하나인 강남역의 세 배가 넘는 수치입니다. 신주쿠구는 여러 면에서 강남과 닮았습니다. 강남이 이른바 '강남 개발'을 통해 급격히 도시화를 이룬 것처럼 신주쿠구 또한 역사가 짧고, 고층 빌딩이 많지요. 일본 관청으로서는 보기 드물게 높이 올려 지은 도쿄 도청과 수많은 상업 시설은 신주쿠구가 도쿄도에서 가장 번화한 거리 중 하나임을 알립니다.

도시를 연결하는 신칸센

일본 도시 여행자라면 고려해 볼 만한 교통수단이 있습니다. 바로 신칸센입니다. 신칸센은 새로운 간선이라는 뜻인데요, 여기서 간선은 주요 도시를 연결하는 핵심 도로나 철로를 말해요. 그러니까 기존 철도의 핵심 노선을 빠르고 정교한 시스템으로 다시 연결한 게 바로 신칸센이지요. 신칸센은 1964년 도쿄 올림픽 개최와 함께 개통한 세계 최초의 고속철도 시스템으로, 그 빠른 속도는 마치 20세기 중후반 일본의 급속한 경제 성장을 상징하는 것 같습니다.

항공과 도로 교통이 부상하면서 상대적으로 철도가 사양길로 접어드는 시대에 역발상으로 신칸센이 성공한 건 흥미로운 대목입니다. 철도는 자동차처럼 개인이 소유하기 힘들고 정해진 철로만 다닌다는 점에서 한계가 있거든요. 실제로 신칸센 개발 당시 일본 내에서도 반대 여론이 만만치 않았다고 합니다. 그럼에도 불구하고 신칸센은 대성공을 거뒀습니다.

신칸센의 성공은 철도가 가진 몇 가지의 장점을 극대화한 덕분입니다. 철도교통의 장점이 뭔지 짐작 가나요? 우리가 이용하는 지하철을 생각해 봅시다. 지하철은 정해진 시간에 도착하고, 많은 수의 승객을 태울 수 있지요? 정해진 철로만 다닐 수 있다는 구조적 한계가 오히려 정해진 시간을 정확히 맞추는 '정시성'이라는 장점이 되었어요. 게다가 신칸센은 속도를 높이면서 더욱 확실한 매력을 뽐내게 되었습니다. 신칸센 프로젝트명이 본래 '탄환 열차'였다는 건, 당시 얼마나 속도에 집착했는지 엿볼 수 있는 대목이지요.

신칸센의 개통 초기 평균 속도는 시속 200km 정도였습니다. 지금이야 자동차로도 충분히 낼 수 있는 속도지만, 신칸센 개통 당시엔 가히 혁명적인 속도였어요. 오늘날 일반 신칸센의 평균 속도는 시속 285km 정도입니다. 이는 도쿄와 오사카 사이를 2시간 30분 정도에 주파하는 속도예요. 오늘날 신칸센은 일본 열도를 잇는 대표적인 교통수단이 되었습니다. 도쿄, 나고야, 오사카를 잇는 도카이도 신칸센은 2017년 기준, 일 년에 약 1억 6천만 명을 수송하는

달리는 신칸센과 그 뒤로 보이는 후지산.

유용한 교통수단입니다. 한편 2027년 개통을 목표로 하는 리니어 신칸센은 세계 최초로 시속 600km를 넘겼다고 합니다. 일본은 고속철도 개발과 사업에 여전히 큰 공을 들이고 있습니다. 리니어 신칸센이 완공되면 구간별 이동 시간은 혁신적으로 단축될 것으로 보입니다.

가격은 조금 비싼 편이지만 신칸센을 이용하면 도쿄, 요코하마, 오사카, 나고야, 삿포로, 후쿠오카 등의 대도시를 원활하게 오갈 수 있습니다. 지금 언급한 도시 순서는 2025년 기준 일본에서 가장 인구가 많은 도시 순서이기도 합니다. 이 중에서도 앞에 언급한 네 도시는 하나의 생활권을 이룹니다. 이들 지역을 묶어 도카이도 메갈로폴리스라고 부르죠.

북동-남서 방향으로 길게 늘어선 일본 열도는 워낙 산지의 비중이 높아 도시 간 이동이 매우 까다롭습니다. 구불구불한 해안을 따라 자동차로 달리는 일 또한 효율이 떨어져요. 오사카-나고야-도쿄로 이어지는 거대 삼각주 도시권, 메갈로폴리스를 효과적으로 연결하는 역할은 터널과 다리를 통해 빠르게 이동하는 신칸센이 제격이었습니다.

신칸센은 일본 열도에서 가장 큰 네 개의 섬, 그러니까 아래에서부터 규슈, 시코쿠, 혼슈, 홋카이도를 하나로 연결하고 있습니다. 도시와 도시를 넘어 열도를 연결하며 일본의 척추와도 같은 기능을 하고 있어요.

일본 열도의 허리춤에 있는 도쿄역에서 남쪽으로 달리면 후지산을 지나 교토 여행이 가능합니다. 신칸센이 규슈 최남단 가고시마 중앙역까지 달리니 다양한 도시를 관람할 수 있습니다. 북쪽으로 달려도 마찬가지입니다. 태평양을 끼고 달리면서 일본 열도 최북단의 홋카이도에서 오타루 운하를 감상하고, 내친김에 일본 최북단의 땅까지 가 볼 수도 있습니다. 가장 북쪽이나 남쪽에서 시작해 도쿄를 경유할 수도 있고요. 어떤 곳이든 신칸센으로 만나는 열도의 도시는 그 자체로 일본 여행의 백미라 할 수 있습니다.

도시는 왜 산기슭이나 물가에 몰려 있을까?

일본의 도카이도 메갈로폴리스를 감싼 지형은 경사가 가파르고 험준한 신기 습곡 산지입니다. 백악기에 지각판끼리의 충돌로 인해 형성된 지형으로, 판의 경계와 가까운 탓에 지진이 잦고 여름철 태풍이 자주 통과하는 지역이지요. 덥고 습한 태평양의 비구름이 집중 호우를 자주 내리니 산사태도 잦습니다. 꾸준히 낮은 곳으로 이동하는 많은 양의 물질이 너른 삼각주의 자리를 형성해 도시가 들어설 수 있는 충분한 공간을 만들어 줬어요.

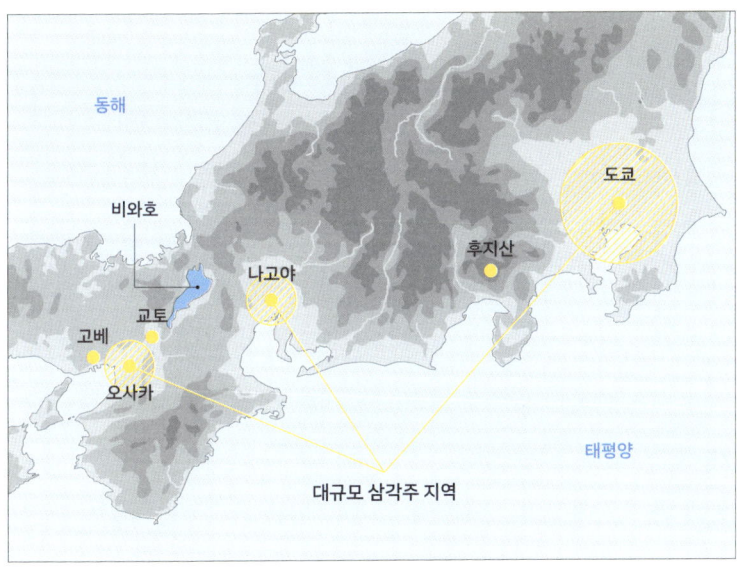

일본의 주요 삼각주 지형을 나타내는 음영 기복도.

오늘날 일본에서 인구가 밀집한 대도시는 대부분 삼각주 부근에 만들어졌다.

위성 지도를 펼치면 도쿄만을 끼고 넓고 평탄하게 발달한 삼각주를 금방 확인할 수 있습니다. 혼슈를 가로지르는 거대한 산지 사이에서 무수히 많은 물줄기가 흘러 내려오고, 물줄기가 운반한 물질이 가까운 도쿄만 일대에 차곡차곡 쌓였습니다.

한편 나라 시대와 헤이안 시대의 중심지였던 교토와 나라는 도쿄 주변 공간과는 사뭇 다른 느낌을 연출합니다. 이는 교토의 대표 여행지인 사찰 킨카쿠지, 나라의 대표 여행지인 사찰 도다이지를 보면 쉽게 알 수 있죠. 킨카쿠지와 도다이지는 도쿄의 에도성과는 달리 해안에서 깊숙하게 물러서 있습니다. 이들 사찰은 정확히 말하자면 산지와 평지가 만나는 위치입니다. 이런 자리는 주변을 굽어볼 수 있는 조망이 좋은 자리이자, 방어와 생활에 유리한 자리이기도 합니다. 두 사찰은 어째서 이곳에 터를 잡았을까요?

경사가 가파른 일본의 산지에서 평지로 나아가는 공간은 산에서 밀려 내려온 물질이 잘 쌓이는 공간입니다. 이런 공간을 지리적으로 산록대라 부릅니다. 킨카쿠지와 도다이지는 산록대에 있지요. 반면 에도성은 산록대에서 한참을 내려와 바다를 만나는 코앞에 있습니다. 산록대에 비해 땅의 높낮이가 거의 느껴지지 않을 정도로 평평합니다. 이런 공간은 강이 운반해 온 산지의 물질이 오랜 시간 동안 차곡차곡 쌓여 만들어집니다. 이를 삼각주라 부릅니다. 산록대와 삼각지 모두 신기 습곡 산지가 원활하게 제공하는 물질이 쌓여 만들어지지만, 그 특성은 다르지요.

에도 시대보다 훨씬 앞선 나라와 헤이안 시대의 역사 유적이 산록대에 많은 건, 간척 기술의 발달과도 관련이 깊습니다. 일본은 우리나라처럼 여름철에 강수량이 집중되고 태풍도 자주 찾아옵니다. 그래서 물을 다루는 게 미숙했던 옛날에는 하천 주변에 터를 잡아 생활하는 것이 불가능에 가까웠죠. 하지만 물의 범람에 대비할 수 있는 기술이 발달하고, 넓은 하천 주변의 공간을 이용할 수 있는 간척 기술이 발전하면서 권력의 공간이 산지 주변에서 해안 주변으로 내려올 수 있게 되었습니다. 이는 우리나라의 서울의 중심지가 사대문에서 한강 주변으로 확장하는 것과 비슷한 공간의 문법이랍니다.

메갈로폴리스가 물을 얻는 방법

일본에서 가장 큰 호수는 오사카와 나고야 사이 산속에 숨어 있는 비와호입니다. 비와호는 약 4백만 년 전에 판과 판의 경계에서 신기 습곡 산지가 만들어지는 와중에 탄생한 오래된 내륙 호수입니다. 날카롭게 재단된 단층 지대를 따라 깊은 곳에 물이 고여 만들어졌지요. 오래된 세월만큼이나 다양한 담수호의 생태계를 간직하고 있기도 해요.

비와호는 여름철의 비, 겨울철의 눈을 적절히 받아 내어 안정적으로 유량을 유지하는데요, 왼쪽으로는 교토와 나라를 포함하는 오사카 일대, 오른쪽으로는 나고야 일대의 중간에 위치하여 두 지역의 든든한 수원 역할을 합니다.

그럼 비와호와 같은 호수의 존재가 없는 도쿄에서는 어떻게 물을 확보했을까요? 도쿄 삼각주 일대, 정확히는 간토 평야 일대에는 도네강이 자리하고 있어요. 심심치 않게 홍수를 일으키던 도네강을 안정적인 물 공급원으로 활용하기 위해 에도 막부 시대에는 강물 줄기를 정비하기도 했습니다. 그런데 시간이 흐를수록 인구가 기하급수적으로 늘어 가면서, 도네강만으로는 사용할 물이 충분하지 않았습니다. 그래서 주변 산지로 시선을 돌렸어요. 가파른 산지와 평지가 만나는 공간의 입구를 댐으로 막아 인공 호수를 만들었습니다. 삼각주로 흘러드는 여러 물줄기의 입구를 막아 물을 확보한 거예요. 주어진 지리적 환경 속에서 살아가기 위해 고민하고 노력한 결과이지요.

2부

사람이 빚은
문화 경관 여행

종교와 건축 그리고 축제는 여행자의 발길을 잡아끄는 힘이 있습니다. 만일 내가 크리스트교 신자라면 한 번은 예루살렘에 가 보고 싶을 것이고, 불교 신자라면 인도에서 부처의 발자취를 밟아 보고 싶을 것입니다. 만약 이슬람교 신자라면 사우디아라비아의 메카에서 카바 신전을 둘러볼 수도 있습니다. 종교는 오랜 세월 인간이 일궈 온 대표적인 문화입니다. 교리에 맞춰 발전한 화려한 종교 건축물은 여행자의 눈길을 사로잡곤 합니다. 축제는 또 어떤가요? 지구촌 축제로 불리는 월드컵 같은 행사도 있지만, 여행자의 구미를 당기는 건 해당 지역의 자연환경과 인문환경이 조화롭게 일군 그 나라만의 독특한 축제입니다. 이번 여행에서는 종교의 성지와 잘 지은 건축물 하나로 세계적인 명성을 얻은 도시, 그리고 남녀노소 국적을 가리지 않고 사람을 모으는 세계적인 축제에 관해 살펴보고자 합니다. 다채로운 세계 문화의 한복판에 함께 들어가 보아요!

삶과 죽음이
공존하는 도시

여러분은 종교가 있나요? 크리스트교, 불교, 이슬람교, 힌두교, 유대교, 원불교, 천도교 등 세상에는 다양한 종교가 있어요. 우리나라는 국교가 없고 종교의 자유를 헌법으로 보장합니다. 크리스트교 중에서도 개신교의 교회, 가톨릭교의 성당을 우리나라 거리에서 자주 볼 수 있지요? 주로 산에 위치한 불교의 사찰은 신자가 아니어도 휴식 삼아 많이들 방문하기도 하고요. 그럼 이슬람교의 모스크와 힌두교의 힌두 사원도 우리나라에 있을까요? 정답은 '있다'입니다. 서울 이태원에 이슬람 서울 중앙 성원이 있고, 부산에도 이슬람 성원이 있어요. 힌두교 사원으로는 이태원의 스리 라다 샤미순다르 사원과 경기도 포천의 라다 크리슈나 사원이 있지요.

다양한 종교 중에서도 세계적으로 전파되어 있고 신도 수가 많은 크리스트교, 이슬람교, 힌두교, 불교를 4대 종교라고 하는데요. 이번에 살펴볼 여행지는 이 4대 종교 중 무려 두 개의 종교가 시작된 곳이에요. 바로 인도입니다. 불교는 기원전 6세기 인도의 싯다르타가 창시했고, 힌두교는 고대 인도의 다양한 토착 신앙과 종교들이 발전하고 융합되어 만들어졌지요. 이번에는 인도 우타르프라데시주에 있는 바라나시로 떠나 볼 거예요. 힌두교의 성지 바라나시에는 어떤 이야기가 숨어 있을까요?

뉴델리에서 시작하는 인도 여행

인천국제공항에서 8시간 정도면 인도의 수도인 뉴델리에 닿습니다. 공항의 이름은 인디라 간디 국제공항입니다. 인디라 간디는 인도의 첫 여성 총리예요. 인도 공화국의 초대 총리이자 국가의 기틀을 다진 자와할랄 네루의 딸이기도 합니다. 인디라 간디의 아들 라지브 간디 역시 어머니의 뒤를 이어 인도의 총리를 지냈으니 권력을 세습해 온 집안이라고 볼 수 있지요.

인도에 첫발을 딛고 우선 뉴델리에서 하룻밤을 쉬어 갑니다. 인도에는 재미있게도 델리가 있고 뉴델리도 있습니다. 이름에서 유추할 수 있듯 델리가 먼저고 뉴델리가 나중입니다. 델리가 더 넓은 지역으로, 그 안에 뉴델리가 포함되어 있어요. 델리의 뿌리는 인도 역사에서 가장 번성했던 무굴 제국의 수도입니다. 영국이 인도를

사람들의 활기로 북적이는 델리 거리의 풍경.

식민지로 삼으면서 1772년 콜카타를 영국령 인도의 수도로 지정해
동인도회사를 운영했어요. 그러다 1911년 영국은 수도를 다시 델
리로 옮깁니다. 그 당시 콜카타에 집중된 독립운동 세력을 분열시
키기 위해 내륙 깊숙한 지역인 델리로 복귀한 거예요. 이때 영국이
새롭게 설계하고 개발한 곳을 뉴델리라고 부르게 되었습니다.

　델리의 풍경은 인산인해입니다. 끊임없이 울리는 자동차 경적은
낯선 도시에서 편히 잠을 청하는 데 방해될 정도입니다. 힘겹게 오
가는 거리의 릭샤(인력거)와 독특한 모양의 오토릭샤(오토바이 택시)
는 이곳이 인도임을 알리는 아이콘처럼 느껴집니다. 생각보다 충

격적인 장면은 도로를 누비는 '떠돌이 소'입니다. 인도는 소를 신성하게 여깁니다. 소는 도로와 인도 곳곳을 오가며 풀을 뜯고 대소변을 봅니다.

인도는 타지마할과 같이 세계인이 사랑하는 랜드마크를 가진 나라, 갠지스강에서 요가로 심신을 수련하는 영성이 충만한 공간으로 그려지는 경우가 많습니다. 바라나시로 가기 전에 아그라에 들러 타지마할을 보고 가기로 합시다.

세상에서 가장 아름다운 무덤

델리와 일대의 위성 도시를 연결하는 지하철은 2002년 레드라인 개통을 시작으로 꾸준히 발전하고 있습니다. 델리 지하철의 건설과 운영에는 우리나라 기업인 현대로템과 삼성물산 등이 참여했는데요, 그래서인지 마치 우리나라의 지하철 플랫폼에 온 것처럼 편안한 느낌이 듭니다.

아그라까지는 기차로 이동하기로 해요. 사전 예약해 둔 열차가 1시간 정도 늦게 플랫폼으로 들어올 수도 있습니다. 인도의 철도 시스템이 아직 완벽히 구축되지 않았기에 지연이 자주 발생합니다. 그나마 도시에서 출발하는 열차는 1시간 내외로 지연되지만, 시골에서는 10시간 넘게 지연되는 경우도 있다고 해요. 인도 여행자에게 여유로운 마음은 필수입니다.

열차에 올라 차창 밖으로 인도의 풍경을 주섬주섬 눈에 담아 보자니, 이국의 풍경이 좋으면서도 뿌연 하늘빛이 신경 쓰입니다. 델리의 대기 오염은 꽤 오래된 인도의 숙제 중 하나입니다. 몇백 미터 앞이 보이지 않을 정도로 공기 질이 좋지 않은 건 여러 가지 요인이 복합적으로 얽힌 탓입니다. 가장 큰 원인은 공장과 자동차의 매연입니다. 공장 굴뚝에서 오염 물질을 걸러 내는 장치와, 이에 대한 제도적 규제가 여전히 부족한 상황입니다. 농업도 큰 원인을 제공하고 있습니다. 추수 후에 남은 농산물 쓰레기를 태워 없애는 행위를 꾸준히 반복하고 있기 때문입니다. 계절풍인 몬순이 찾아오지 않는 겨울철에는 상황이 더욱 악화합니다. 히말라야산맥이 북쪽을 가로막고 있어서 오염 물질이 빠져나가지 못하고 오래 머물 수밖에 없기 때문입니다.

머리가 복잡해질 즈음, 약 3시간을 달린 기차는 아그라에 도착합니다. 역에서 오토릭샤를 타고 타지마할로 이동합니다. 입구의 깐깐한 보안 검색대를 통과하니, 저 멀리 대리석으로 온몸을 감싼 타지마할이 모습을 드러냅니다. 좌우가 완벽한 대칭을 이루는 모습이 인상적입니다. 수많은 여행자들 사이를 지나 근처 벤치에 앉아 잠시 이 위대한 건축물의 역사를 더듬어 봅니다.

1653년에 건립된 타지마할은 무굴 제국의 황제 샤 자한이 아내 뭄타즈 마할을 위해 지은 무덤입니다. 무덤이라기엔 너무 탁월한 건축미를 지녔지요? 짓는 데 무려 22년이 걸렸습니다. 인도 전역과 중앙아시아 일대에서 막대한 대리석을 조달하고 페르시아와 바

황금비율과 종교의 조화를 품은 타지마할.

그다드 등에서 최고의 기술자를 불러 모아 지은 건축물이 바로 타지마할입니다. 명실상부 무굴 제국의 랜드마크인 셈입니다. 유네스코세계문화유산으로 지정된 타지마할은 황금 비율의 아름다움을 선보입니다. 다시는 그 누구도 어떤 국가도 이런 건축물을 짓지는 못하리라는 느낌을 줄 정도입니다. 이 건축물은 조형적인 조화뿐 아니라 이슬람교와 힌두교의 소화도 이루고 있습니다. 겉모습은 이슬람 사원의 건축 양식을 따랐지만, 내부는 힌두교 장식으로 꾸며져 있거든요.

노을이 뉘엿뉘엿 지는 시간이 되면 순백의 대리석은 햇빛의 색깔에 따라 분홍빛, 주홍빛, 은빛으로 시시각각 옷을 갈아입습니다. 뿌연 대기는 언뜻 안개처럼 타지마할을 휘감아 보는 이의 눈을 혼란에 빠뜨립니다. 보일 듯 말 듯 모습을 감추다가도 가까이 가면 화려한 장식과 우아한 돔 지붕을 보여 주는 타지마할! 마치 자신을 꼭 찾아와야 하는 이유를 온몸으로 알리는 것 같습니다.

성스러운 순례자의 도시, 바라나시

아그라에서 바라나시로 갈 때도 기차를 탑니다. 12시간 정도를 느릿느릿 이동한 기차는 어느새 바라나시에 도착합니다. 대중교통 시스템이 충분히 갖추어지지 않은 바라나시에서는 사람이 끄는 릭샤를 탈 예정입니다. 손님을 기다리는 릭샤 한 대를 잡아타고 갠지스강에 있는 가트로 가 달라고 말합니다. 가트는 강가의 계단을 말하는 단어예요.

릭샤 기사가 내려 준 곳은 걸어서 2분이면 갠지스강에 닿는 좁은 골목 앞입니다. 그 옆에서 잠시 짜이 한 잔을 마셔 볼까요? 짜이는 인도 사람들이 수시로 마시는 밀크티입니다. 베트남에 가면 길거리의 쌀국수가 가장 맛있게 느껴지는 것처럼, 인도 길거리에서 마시는 짜이는 맛이 정말 일품입니다. 다시 좁은 골목을 빠져나가자 시야가 한층 트이는 갠지스강이 나타납니다. 강변을 따라 복잡한 콘크리트 구조물이 늘어서 있고, 곳곳에 우산처럼 생긴 구조물이 여럿 보이네요. 한쪽에는 막대한 양의 나무를 쌓아 놓았고요. 금방이라도 무언가를 올려 태울 기세입니다.

바라나시는 인도에서 가장 오래된 도시 중 하나이자 힌두교 최대의 성지입니다. 매년 100만 명이 넘는 순례자가 이곳 바라나시의 가트를 찾는다고 해요. 그런데 흥미롭게도 바라나시 근처에는 불교의 발상지 중 하나인 사르나트가 있습니다. 싯타르타가 이곳에서 대중에게 설법을 한 것으로 잘 알려져 있지요.

인도에는 무수히 많은 교리와 종파가 있습니다. 이를 하나로 통합하여 종교의 모습을 갖춘 게 힌두교입니다. 힌두교의 뿌리는 인더스 문명으로 거슬러 오릅니다. 원시 신앙에서부터 이후 나타난 불교, 브라만교 등을 모두 흡수하면서 힌두교가 점차 완성됩니다. 인도의 원시 종교였던 브라만교는 이른바 '브라만-크샤트리아-바이샤-수드라'로 이어지는 카스트 제도의 근간이 되어 힌두교의 뿌리를 이루었어요. 반면 불교는 외려 인도가 아닌 동남아시아와 동아시아 일대로 전파되어 세를 확장했지요. 힌두교가 대단한 건, 다양한 종교가 모여 조화를 이룬다는 사실입니다. 마치 타지마할의 건축 요소처럼 말입니다.

여행에서 지나온 델리 대도시권, 아그라, 바라나시는 모두 갠지스강의 은혜를 입고 있습니다. 델리 대도시권과 아그라에는 갠지스강의 지류인 야무나강이 흐르고, 바라나시는 갠지스강이 휘감아 도는 너른 평야에 있습니다. 모두 갠지스강의 품에 있는 공간이지만, 종교적 의미에서 본다면 갠지스강의 본류가 지나는 바라나시가 가장 의미 있는 자리입니다. 그래서 힌두교의 성지가 될 수 있었지요.

갠지스강을 비추는 화려한 불빛

날이 어둑어둑해지는데 여전히 강가는 사람으로 북적입니다. 강변에는 보트 수백 대가 손님을 기다립니다. 낮에는 갠지스강에서 목욕하거나 물을 받아 가는 사람이 많았다면, 밤에는 보트를 타고 가트 주변에서 무언가를 기다리는 눈빛의 사람이 많습니다. 바로 전통 힌두교도의 의식인 아르티 푸자입니다.

아르티 푸자는 '불 의식'이라는 뜻입니다. 매일 해가 질 무렵에 열리는 이 의식은 갠지스강에게 올리는 의식입니다. 성스러운 강물이 흘러오는 서쪽을 향해 경배하는 마음으로 치르지요. 수많은 가트 중 중심이 되는 다사스와멧 가트에서 치르는

가트의 아르티 푸자 의식.

갠지스강에 떠 있는 보트와 가트. 곳곳에 화장하는 불빛이 보인다.

푸자는 늘 신자와 여행자로 가득합니다. 제단 앞에는 경건한 의식을 올리는 브라만 계급의 남성들이 줄을 지어 섭니다. 말끔하게 차려입은 그들의 손은 불과 연기로 화려하게 빛납니다. 춤추는 불빛과 화려한 의식 그리고 은은하게 울려 퍼지는 음악은 갠지스강과 어우러져 신묘한 분위기를 연출합니다.

갠지스강에 떠 있는 보트에 앉아 시선을 돌리면 강렬한 기세로 타는 나무를 볼 수 있습니다. 겹겹이 쌓아 올린 나무가 태우는 건 다름 아닌 시신입니다. 타고 남은 재는 갠지스강으로 뿌려집니다. 힌두교를 신봉하는 인도 사람 대부분은 갠지스강에서 죽는 걸 소원합니다. '어머니의 강'으로 돌아가려는 마음이 강하기 때문입니다. 이곳에서 삶을 마감하는 건, 다시 좋은 세상에 태어날 수 있다는 믿음의 산물입니다. 보트 사이를 흐르는 갠지스강을 보니 뿌연 재가 물 위를 둥둥 떠다닙니다. 눈으로 보고도 믿기 힘든 종교 의식은 이런저런 사연을 거쳐 지금의 모습으로 진화해 왔겠지요.

종교는 대부분 눈에 보이지 않는 신에 관한 이야기지만, 종교 의식은 눈에 보이는 행위입니다. 갠지스강에는 매일 수많은 사람이 모여 그날의 의식을 치를 테지요. 바라나시에서 마주한 건 힌두 의식의 한 단면이지만, 거기에는 이성적 사고로는 도저히 알 수 없는 무한의 세계를 상상하게 만드는 힘이 있습니다. 원시 인류부터 발전시킨 세계 곳곳의 샤머니즘과 토테미즘이 체계화된 교리와 경전 그리고 의식적 행위를 발판으로 더 많은 사람이 믿는 '종교'가 된 것이라는 흥미로운 상상이 날개를 펼칩니다. 바라나시에서의 밤은 몽환적입니다.

히말라야산맥에서 태어난 물줄기, 갠지스강

여러분은 세계에서 가장 높은 산맥이 무엇인지 알고 있나요? 그래요, 바로 히말라야산맥입니다. 히말라야산맥의 윗부분은 온도가 아주 낮기 때문에, 늘 산악 빙하와 녹지 않는 만년설이 있는데요. 빙하는 겨울에는 몸집을 키우고 여름이 되면 몸집을 줄이며 물을 흘려보냅니다. 그 물이 한데 모여 큰 물줄기를 이룬 게 바로 갠지스강이에요. 인도 북부 지방을 거쳐 흐르는 거대한 물줄기, 갠지스강은 인도 인구의 삼분의 일을 지탱하는 소중한 물 자원입니다.

갠지스강의 물줄기 흐름을 자세히 보면 방향이 특이합니다. 히말라야산맥 서쪽에서 발원하여 정반대 방향인 동쪽으로 흐르다가 벵골만으로 흘러들거든요. 가까운 아라비아해가 아닌 먼 벵골만으로 흐르는 건, 인도반도의 탄생과 밀접한 관련이 있습니다.

아주 오래전 지구상의 모든 대륙이 한데 모여 있던 판게아 시절, 인도반도는 아프리카 대륙의 동쪽에 붙어 있었습니다. 이후 서서히 대륙이 흩어지는 과정에서 아프리카 대륙에서 분리된 인도반도는 지금의 자리로 이동하여 아시아 대륙과 충돌했습니다. 충돌이라고 해서 자동차가 서로 부딪치는 것처럼 빠른 속도를 생각하면 곤란합니다. 지질학적 시간으로 아주 느리게 조금씩 움직이는 과정에서 두 판이 만났거든요. 이 과정에서 두 판 사이의 바닷물 속 퇴적 물질이 서서히 주름지면서 위로 들어 올려지는 일이 발생합니다. 그게 바로 히말라야산맥입니다. 두 판이 만나는 힘이 워낙 강해 뚜렷하고 연속적인 산줄기로 남은 것입니다. 그 반대급부로 히말라야산맥 바로 앞에 푹 꺼진 낮은 자리가 만들어졌습니다. 그곳

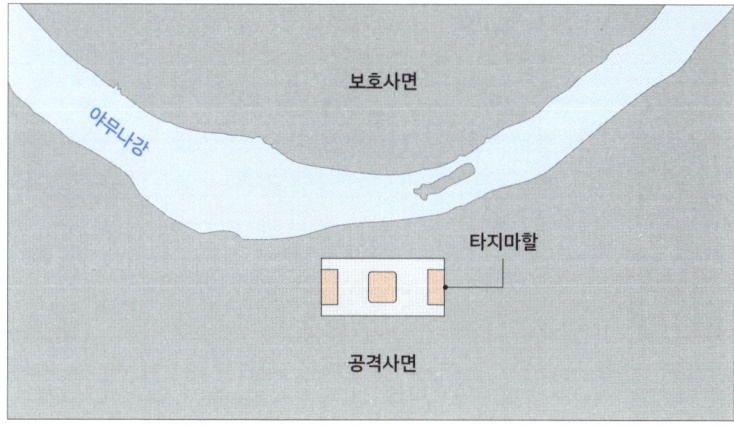

히말라야산맥(위)과 타지마할(아래).

히말라야산맥은 갠지스강의 물이 마르지 않도록 눈 녹은 물을 흘려보낸다. 타지마할은 상대적으로 침수 위험이 적은 하천의 공격사면에 조성되었다.

이 바로 갠지스강의 자리입니다.

지대가 낮다 보니 자연스럽게 바닷물이 이곳으로 흘러들었습니다. 이후 히말라야산맥에서 수많은 물줄기가 작은 물질을 꾸준히 내려보냈습니다. 워낙 흘러드는 물질이 많다 보니, 그 과정에서 바다가 서서히 메워져 오늘에 이릅니다. 그래서 갠지스강의 주변에는 넓은 평야가 많습니다. 넓은 평야, 풍부한 물, 그리고 따뜻한 기온과 덥고 습한 여름 계절풍이 맞물리다 보니 세계적인 벼농사 지대가 만들어졌어요. 수억 명의 사람들이 살아갈 수 있는 기반이 완성된 셈입니다.

마지막으로 하천 지형의 관점에서 보면 아그라의 타지마할과 바라나시의 가트는 모두 공격사면에 해당합니다. 하천의 물줄기가 휘감아 돌 때 물의 흐름을 직접 받는 공간이 공격사면이고 반대편이 보호사면입니다. 공격사면은 물의 속도가 상대적으로 빨라 침식이 우세하고, 반대편은 퇴적이 우세합니다. 그래서 공격사면의 수심이 조금 더 깊고 물가의 경사가 급한 경우가 많습니다. 하지만 유량이 늘 때 홍수의 위험으로부터는 상대적으로 안전한 경향이 있습니다. 타지마할의 자리, 가트의 자리가 인공적으로 높이 다진 구조물 위에 안전하게 배치된 까닭이기도 합니다.

갠지스강의 수질, 이대로 괜찮을까?

힌두교 신화에서 갠지스강은 신으로 여겨집니다. 힌두교 신자들은 갠지스강을 '어머니의 강'이라 부르며 신성히 여기지요. 이슬람교를 신봉하는 무슬림이 메카의 카바 신전을 성스럽게 여기는 것, 유대교도가 예루살렘의 성전산에 가 보고 싶어 하는 것과 맥락이 같습니다.

수많은 힌두교도가 갠지스강에서 목욕하고, 그 물을 받아 집으로 돌아가고, 심지어 물을 마시는 경우도 많습니다. 바라나시 가트 일대에서는 영혼을 갠지스강에 담고 싶은 시신이 화장을 기다리고, 그들의 유해는 자연스럽게 갠지스강으로 흘러들어요.

갠지스강의 수질 오염 문제는 오래된 숙제입니다. 갠지스강 주변 도시에는 인도 전체 인구의 약 삼분의 일 정도, 그러니까 약 5억 명이 모여 삽니다. 이렇게 많은 사람이 밀집한 지역이다 보니 갠지스강으로 흘러드는 생활 하수나 공장 폐수의 양도 많지요. 오염된 물을 적재적소에서 깨끗한 물로 바꾸는 정화 작업이 뒷받침된다면 좋겠지만, 인도의 상하수도 처리 시스템은 여전히 부족한 실정입니다.

도시의 운명을 바꾼 미술관

세계에서 가장 오래된 미술관은 어디일까요? 이에 관해서는 여러 견해가 있지만, 유럽의 여러 지역에서 발견된 동굴 벽화를 빼놓을 수 없습니다. 약 4만 년 전에 그려진 동굴 벽화는 석기 시대를 살던 인류의 예술 행위를 보여 줍니다. 석기 시대 인류가 남다른 관찰력과 상상력을 총동원해 그린 동굴 벽화는 오랜 시간을 뛰어넘어 당시의 인류와 연결되는 느낌을 줍니다. 동굴을 자연이 준 미술관이라고 한다면, 그 속에 남은 벽화는 뛰어난 미술품이지요.

붓과 종이가 없던 석기 시대에도 인간은 무언가를 창작해 왔다니, 신기하지 않나요? 미술관은 이러한 인간의 본원적인 예술 표현 욕구가 활짝 피어나는 공간입니다. 프랑스 파리의 루브르 박물관과 오르세 미술관, 미국 뉴욕의 메트로폴리탄 미술관, 영국 런던의 내셔널 갤러리, 이탈리아 피렌체의 우피치미술관 등은 세계적인 명성이 자자한 미술품들로 채워져 있습니다. 니케의 여신상, 모나리자 등 교과서에서나 보던 작품들을 실물로 감상할 수 있어요. 세계적인 미술관들은 대체로 건축미도 뛰어납니다. 옛 왕궁을 박물관으로 개조한 루브르 박물관이나 기차역을 미술관으로 용도 변경한 오르세 미술관이 그렇지요.

때로는 미술관이 그 안의 미술품을 뛰어넘는 상징성과 예술성을 품기도 합니다. 에스파냐 빌바오에 있는 구겐하임 미술관이 바로 그렇지요. 빌바오 구겐하임 미술관은 보는 순간 놀라운 시각적 즐거움을 줍니다. 거대한 예술적 경험을 선사하는 구겐하임 미술관을 찾아 에스파냐의 빌바오로 가 보겠습니다.

에스파냐의 세 도시, 마드리드, 바르셀로나, 그리고 빌바오

흔히 스페인이라고 부르기도 하는 에스파냐 여행을 계획하면 대부분은 마드리드나 바르셀로나를 먼저 떠올립니다. 마드리드는 에스파냐의 수도이자 최대 도시이고, 바르셀로나는 제2 도시이자 최대 항구 도시입니다.

축구를 좋아하는 팬들에게 두 도시는 각별한 감정을 불러일으킵니다. 세계적인 축구팀 '레알 마드리드'와 'FC 바르셀로나'의 경기인 '엘 클라시코' 때문입니다. 에스파냐 프로 축구 리그인 라리가의 역대 우승 횟수 1위를 차지한 팀이 레알 마드리드, 2위가 FC 바르셀로나입니다.

같은 나라나 인접한 지역을 연고지로 두는 두 팀이 서로 상대하는 경기를 '더비 매치'라고 하는데요, 레알 마드리드와 FC 바르셀로나의 치열한 더비 매치의 배경은 사실 두 도시가 서로 다른 나라에 속했던 역사에서 찾을 수 있습니다. 과거 바르셀로나는 아라곤 연합 왕국, 마드리드는 카스티야 왕국이었습니다. 두 나라는 에스파냐 왕국으로 통일되는 과정에서 경제 중심지인 바르셀로나와 정치 중심지인 마드리드로 각각 성장했지요. 그러나 다른 왕국에서 비롯한 탓에 문화와 가치관이 달랐고, 바르셀로나가 있는 카탈루냐 지방과 마드리드가 있는 카스티야 지방은 서로 대립각을 세워 왔습니다. 이러한 역사는 카탈루냐 독립운동으로 이어지기도 했지요. 2014년과 2017년 카탈루냐 지방의 독립 여부를 묻는 주민 투표에서 약 90%의 찬성률을 기록했지만, 에스파냐 정부가 독립을 승인할 리는 만무한 상황입니다. 특히 카탈루냐 지방은 오랜 시간 중화학 공업을 바탕으로 꾸준히 성장하며 에스파냐 경제에서 중요한 역할을 하고 있기 때문에 더더욱 에스파냐 정부에서는 독립을 원하지 않겠지요.

한편 우리가 방문할 빌바오는 상대적으로 적은 인구임에도 마드리드나 바르셀로나와 나란히 설 정도의 경제력을 갖추고 있답니다. 여기에는 여러 이유가 있겠지만, 빌바오가 바르셀로나처럼 항구 도시라는 점도 한몫했다고 봅니다. 무역이 중요한 시대에, 안정적으로 물건을 들이고 낼 수 있는 항만을 보유하고 있다는 지리적 이점은 경제 성장의 훌륭한 동력이 되어 주었지요. 바르셀로나를 통해 지중해로 나아갈 수 있다면, 빌바오를 통해서는 대서양으로 나갈 수 있습니다.

빌바오 공항에서 구겐하임 미술관까지

빌바오 공항에서 구겐하임 미술관으로 가는 대중교통편은 크게 두 가지입니다. 하나는 공항버스, 다른 하나는 공항철도입니다. 예상 소요 시간이 더 짧은 공항버스를 이용하여 구겐하임 미술관으로 향해 봅시다. 덤으로 생생한 거리의 풍경도 감상할 수 있으니까요. 공항을 벗어난 버스는 얕은 언덕을 오르는가 싶더니 이내 터널로 진입합니다. 터널을 빠져나오자 멀리 보이는 산줄기 앞으로 건물이 촘촘하게 들어선 빌바오 시가지가 한눈에 들어오네요. 강렬한 생김새의 기둥이 인상적인 살베 다리를 통해 네르비온강을 건넙니다. 오른편으로 매우 독특하게 생긴 건물 하나와 그 뒤로 일대에서 가장 높아 보이는 건물이 보여요. 저곳이 바로 구겐하임 미술관과 이베르드롤라 타워입니다.

공항버스가 구겐하임 미술관 앞 정류장에 진입하면 다리를 건너며 바라본 두 건물이 코앞으로 다가옵니다. 우선 이번 여행의 핵심 목적지인 구겐하임 미술관으로 발걸음을 옮겨 볼까요? 첫걸음

빌바오의 전경. 붉은색 살베 다리와 그 옆의 구겐하임 미술관이 인상적이다.

을 때자마자 입구에 놓인 큰 조형물이 시야에 들어오네요. 7만 송이 꽃으로 장식한 강아지라고 합니다. 미술관 건물 밖에 있지만, 엄연한 구겐하임 미술관의 소장품이에요. 키가 12m에 이르니 미술관에 넣기엔 상당히 부담스러운 작품이기는 합니다. 뉴욕의 조형 예술가 제프 쿤스가 1992년에 만든 작품 「강아지」는 오늘날 구겐하임 미술관 앞에서 수많은 손님을 맞이합니다.

구겐하임 미술관을 향해 걸으니 왼편으로는 네르비온강이 흐르고, 오른편으로는 인공 연못이 산책의 맛을 더합니다. 구겐하임 미술관의 독특한 생김새가 강렬한 인상을 줍니다. 보는 방향에 따라

구겐하임 미술관과 그 앞에서 손님을 맞는 제프 쿤스의 「강아지」(1992).

모습이 천차만별입니다. 건축을 모르는 문외한이 봐도 혁신적인 건축물이라는 생각이 들 정도예요. 유려한 곡선의 외관은 규칙이 라고는 찾아보기 힘들 정도로 자유분방합니다. 건물의 외벽을 두 른 은빛 티타늄에 반사된 은은한 물빛과 황금빛 햇빛 그리고 그림 자가 진 부분의 어두운 잿빛은 몽환적인 분위기를 연출합니다.

미술관 절반을 돌았을 즈음 눈길을 끄는 거대한 검은 거미 조각 상이 걸음을 멈추게 합니다. 프랑스 태생의 미국 조각가 루이즈 부 르주아의 작품 「마망」입니다. 가늘고 긴 여덟 개의 다리가 작은 몸 통을 공중으로 띄우고 있습니다. 다리 사이를 걸어서 지나는 사람

구겐하임 미술관에 있는 루이즈 부르주아의 「마망」(1999).

들은 연신 몸통을 올려다보네요. 혹여 공격당하지는 않을지 우려
섞인 눈빛이 재밌습니다. 나도 모르게 생존 본능이 발현되나 봅니
다. 분명 조각인 걸 알지만, 우리 뇌는 눈으로 받아들인 걸 곧이곧
대로 믿는 경향이 있는 것 같군요.

규칙 없는 건축의 아름다움

구겐하임 미술관을 설계한 사람은 건축가 프랭크 게리입니다. 캐나다 출신의 건축가로, 건축학의 노벨상이라 불리는 프리츠커상을 수상한 인물이에요. 빌바오의 구겐하임 미술관을 필두로 미국 로스앤젤레스에 있는 월트 디즈니 콘서트홀, 독일 하노버에 있는 게리 타워 등을 통해 자신의 건축 세계를 펼쳐 보였지요. 건물 외관만 보아도 그가 현대 건축계에 어떤 영향을 줬는지 단박에 알 수 있습니다. 특히 월트 디즈니 콘서트홀은 바다를 항해하는 배를 떠올리게 하는 모양으로 비정형의 곡선이 인상적입니다.

건축계에서는 프랭크 게리를 해체주의 건축의 대가라고 표현합니다. 이는 그가 모더니즘을 대표하는 직선 형태의 실용적 건축 문법을 파격적으로 깼기 때문입니다. 게리는 비스듬한 사선이나 둥근 곡선으로 건물의 외관을 디자인했어요. 20세기 후반까지 건축에서 으레 추구해 온 실용적 형태를 해체한 것이지요. 모더니즘이 추구했던 효율성 위주의 시스템을 거부하고 개별성과 자율성을 중시한 해체주의는 포스트모더니즘이라고도 불립니다. 설계자의 면면을 살펴보고 다시 구겐하임 미술관을 바라보니 어째서 비정형의 외관을 갖게 되었는지, 어째서 타일 하나하나마다 불규칙한 변화를 주려고 노력했는지가 읽힙니다. 역시 아는 만큼 보입니다.

이제는 미술관 안을 둘러볼 차례입니다. 외부만큼이나 내부도 특별한 규칙을 찾기 어려울 정도로 공간이 특이하게 조성되어 있

구겐하임 미술관 내부 모습.

습니다. 큼지막한 천장으로 빛이 들어오는 중앙 광장에서 기념사진을 찍고, 큰 철이 빙글빙글 꼬여 있는 설치 미술 공간으로 향합니다. 철을 곡선으로 다듬어 여러 겹으로 펼쳐 보인 공간을 지나니 꼭 미로를 거니는 것 같아요. 큰 창으로 간간이 모습을 드러내는 네르비온강과 건너편의 도시 풍경은 녹음이 짙은 언덕과 조화를 이뤄 한 폭의 그림이 됩니다.

빌바오 효과, 낡은 도시를 변화시킨 것은?

구겐하임 미술관은 북서-남동 방향으로 좁고 길게 발달한 계곡을 흐르는 네르비온강 옆에 있습니다. 강변을 따라서는 주택과 상업 시설을 비롯한 사회적 인프라가 가득합니다. 지도를 넓히면 네르비온강이 대서양으로 나아갈 수 있는 항만에 닿는 걸 확인할 수 있습니다. 앞서 언급했듯 빌바오는 에스파냐의 대표적인 항구 도시예요. 14세기경 조성되어 해상 무역 중심지로 나날이 성장해 왔지요.

빌바오 인근에는 철광석 산지가 있어서 예부터 철을 만드는 일이 성행했는데요, 19세기 본격적으로 산업화를 이루면서 '산업의 쌀' 철을 만드는 제철 공업이 발달했고, 이를 바탕으로 배를 만드는 조선업도 발달했습니다. 중화학 공업의 기틀을 갖춘 빌바오는 무섭게 성장했습니다. 영국과 가까운 지리적 이점도 크게 작용했고요. 하지만 산업 구조의 변화에 적절하게 대응하지 못한 빌바오는 1970년대 이후 서서히 내리막길을 걸었습니다. 급격히 인구가 줄면서 왕년의 공업 도시였던 빌바오는 쇠퇴한 도시의 대명사가 되어갔어요. 대부분 공업 도시가 그렇듯 생산과 성장 일변도의 정책은 네르비온강의 수질 오염 등 환경 문제를 낳기도 했지요.

빌바오는 변화가 절실했습니다. 날개 꺾인 도시 이미지를 탈바꿈하기 위해 여행 도시로의 변화를 본격적으로 모색한 건 1990년대입니다. 빌바오는 우선 파리의 에펠탑, 뉴욕의 자유의 여신상, 이집트의 피라미드와 같은 랜드마크가 필요하다고 판단했습니다. 그래서 미국 구겐하임 재단과 협의하여 '구겐하임 빌바오 미술관'을 지었어요. 여행자를 모아 경제 효과를 일으키고, 국제 사회를 선도하는 현대 미술의 장을 열고 나아가 도시를 아우를 수 있는 랜드마크를 얻고자 미술관을 건설한 것입니다. 결과적으로 빌바오의 도전은 상상 이상의 성공을 거뒀습니다. 이처럼 한 도시의 상징적인

네르비온강을 따라 주택들이 자리 잡고 있는 빌바오의 모습.

건축물이 도시 전체의 성장을 이끄는 경우를 일컬어 '빌바오 효과'
라고 부르게 되었을 정도로요.

이베르드롤라 타워와 네르비온강을 거닐다

미술관을 나와 앞서 보았던 이베르드롤라 타워로 향합니다. 높
이 165m에 이르는 타워는 일대에서 가장 높은 건물로 세계적인 신
재생 에너지 기업 이베르드롤라의 본사이기도 합니다. 세계 20개
국 이상에 진출하여 태양광, 해상 풍력 등과 같은 에너지 개발에 열
을 올리고 있는 기업이지요.

구겐하임 빌바오 미술관과 이베르드롤라 타워 주변은 과거 산업 시설이 있던 공간을 새롭게 재단장한 공간입니다. 산업 발달의 부작용으로 오염된 네르비온강을 살리기 위해 물길을 정비하고, 오래된 낡은 시설을 철거하는 대대적인 도시 재생 프로젝트가 이루어졌습니다. 악취와 녹슨 산업 시설이 지배하던 강변에는 이제 첨단의 건물과 아름다운 미술관이 자리합니다.

네르비온강의 페드로 아루페 육교를 건너 반대편으로 발길을 옮기면 에스파냐에서 역사가 깊은 사립 대학교 중 하나인 데우스토 대학교가 나옵니다. 한적한 반대편 강변에서 여유롭게 바라보는 구겐하임 미술관의 풍경은 가까이에서 봤을 때와는 또 다른 느낌을 줍니다. 일견 거대한 우주선처럼 보이기도 합니다. 상상력을 동원하여 40년 전으로 시계를 돌려 봅니다. 악취가 진동하는 네르비온강을 따라 거대한 공장과 산업 시설이 즐비하고, 높게 솟은 굴뚝으로는 매연이 뿜어져 나왔을 것입니다. 지금의 모습을 보면 그야말로 격세지감입니다. 열심히 뛰거나 자전거 페달을 밟는 시민은 마치 옛 모습을 기억하지 못하는 것처럼 평화로운 모습으로 빌바오의 오늘을 살아가고 있습니다. 잠시 머물다 가는 여행자의 마음도 이내 평화로움에 젖어 듭니다.

한때는 바다였던 산맥이 있다고?

빌바오는 피레네산맥 근처에 위치하고 있습니다. 피레네산맥은 이베리아반도와 유럽 대륙을 구분하는 경계, 국가로 보면 프랑스와 에스파냐의 선명한 국경선이 되어 주지요.

멀지 않은 곳에 있는 알프스산맥이 주로 신생대에 만들어진 것과 달리 피레네산맥은 고생대와 중생대를 거치며 만들어졌습니다. 피레네산맥에서 가장 오래된 암석은 무려 5억 년 전에 만들어졌어요. 이후 점차 산이 깎여 나가면서 지금과 같은 모습이 되었습니다. 피레네산맥 일대는 과거 얕은 바다이기도 했어요. 어떻게 아냐고요? 산지 곳곳에 매장되어 있는 석탄과 석회석이 확실한 증거입니다. 고생대에 번성했던 거대한 식물군과, 얕은 바다에 살던 삼엽충과 같은 석회질 외피 동물군이 오랜 시간 동안 차곡차곡 쌓이면서 암석화의 과정을 거쳐 각각 석탄과 석회석이 되었거든요.

피레네산맥이 바다였다는 또 한 가지 증거는 바로 철광석입니다. 철광석은 주로 고생대보다 앞선 선캄브리아기에 만들어졌습니다. 수억 년 전 바다에 녹아 들어간 철분이 바다 생물이 배출한 산소와 만나 철이 되었지요. 오랜 시간 바닷속에서 차곡차곡 쌓인 철은 어떤 계기로 땅이 들어 올려지는 과정을 통해 산맥의 곳곳에 숨게 됩니다. 굴을 파고 갱도를 놓아 이 철들을 파면 그게 바로 철광석 광산입니다.

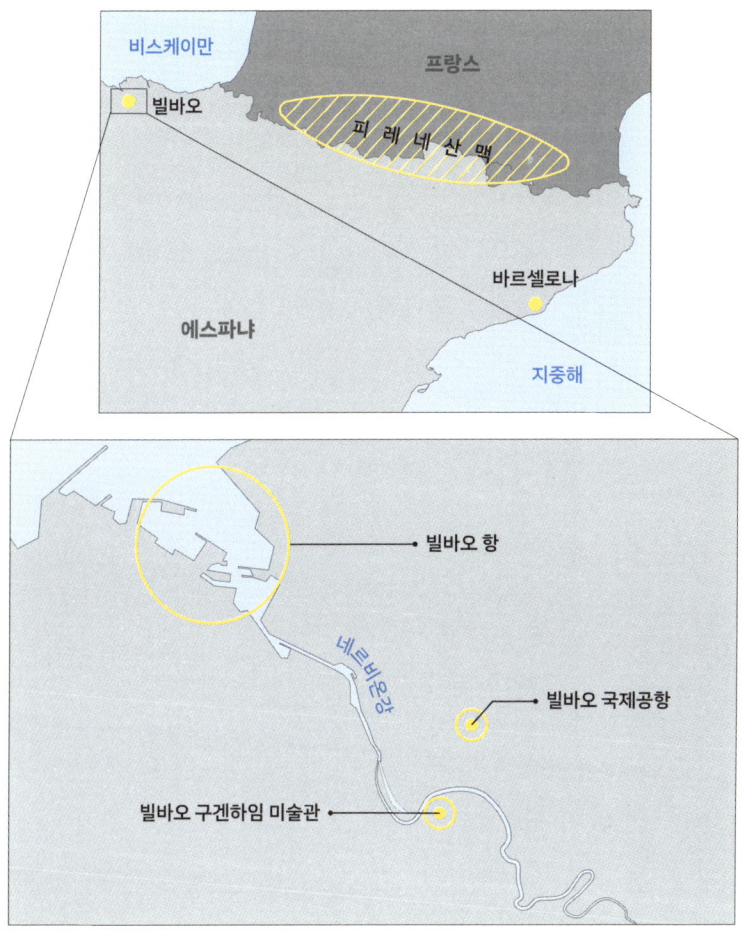

빌바오 지도.

　앞서 갠지스강 이야기할 때 강물이 굽이쳐 흐르는 쪽이 공격사면, 반대편을 보호사면이라고 한다고 배웠지요? 빌바오는 하천의 보호사면에 위치해 있습니다. 그래서 홍수 때 침수 위험이 높지요.

1983년 8월 25일, 평년을 뛰어넘는 비가 내린 탓에 네르비온강과 이바이자발강이 합류하는 빌바오는 홍수로 큰 타격을 입었습니다. 물이 3m 이상 차오르며 많은 주민이 대피했고 안타깝게 사상자도 많았습니다. 특히 오늘날 구겐하임 미술관이 있는 빌바오의 넓은 수변 공간은 더욱 큰 피해를 입었습니다. 이처럼 하천의 보호사면은 늘 범람의 위험에 대비해야 하는 공간입니다.

우리나라의 도시 재생 프로젝트, 울산 태화강의 변화

빌바오는 울산광역시와 닮은 점이 많습니다. 우리나라의 중화학 공업 1번지인 울산은 외국에서 철광석과 석탄을 들여와 제철소와 조선소, 자동차 공장 및 화학 공장을 대규모로 조성한 산업 도시로, 한국의 경제 성장과 궤를 같이했지요. 그리고 빌바오와 마찬가지로 도시의 자연환경이 급속도로 나빠지게 됐습니다. 울산의 태화강은 빌바오의 네르비온강처럼 서서히 병들어 갔어요.

울산은 여전히 중화학 공업을 이어 가는 한편 도시 재생과 환경 개선 측면에서 많은 노력을 기울이고 있습니다. 울산이 가장 공을 들인 건 태화강을 살리는 일이었습니다. 친환경 생태 공간을 조성하고 시민들이 하천 주변에서 여가와 휴식을 즐길 수 있는 친수 공간을 마련하는 등의 사업으로 결국 수질 개선을 이뤄 냈어요. 오·폐수가 가득하던 강에 연어와 은어가 돌아오고 시민들도 자주 찾는 깨끗한 도시 생태 하천으로 탈바꿈했지요.

울산 태화강 십리대숲.

태화강의 남다른 변화를 체감하고 싶다면 시간을 내어 십리대숲에 가 보면 좋습니다. 70만 그루의 대나무가 빼곡한 초록의 숲 사이로 난 아름다운 산책로를 경험해 보세요.

물의 축복을
기뻐하는 축제

✈

태국의 송끄란 축제는 세계적으로 유명한 축제입니다. 세상에 어떤 축제가 재미있지 않겠냐만, 송끄란 축제는 그야말로 쉽고 단순하고 유쾌합니다. 아주 간단히 줄여 말하자면 지구촌 최대의 물싸움입니다. 생면부지의 사람과 물싸움이라니, 생각만으로도 흥미진진합니다. 송끄란 축제에 참가하고 싶다면 마음의 준비를 단단히 하고 때를 기다리세요. 물싸움하는 기간이 딱 정해져 있거든요. 4월 초, 부푼 기대를 안고 태국의 수도인 방콕으로 가는 비행기에 오릅니다.

비행기에 타서 좌석 앞 모니터에 표시되는 항공 운항 지도를 살펴봅니다. 태국의 또 다른 인기 여행지인 푸껫과 치앙마이가 눈에 떠네요. 푸껫은 인도차이나반도에서 남쪽으로 좁고 길게 뻗은 말레이반도의 섬입니다. 높은 언덕과 조화를 이룬 해변, 아름다운 산호초가 가득한 해안을 자랑하는 곳으로 남녀노소가 즐길 수 있는 동남아시아의 대표 휴양지입니다. 치앙마이는 '북방의 장미'라는 별명을 가진 도시입니다. 특유의 아기자기함과 고즈넉함이 장점인 도시로 느릿느릿한 여유를 즐기면서 복잡한 마음을 차분히 정리할 시간을 갖기에 적합한 곳이지요. 푸껫은 믈라카 해협이 큰 입을 벌리고 있는 한쪽 끝자락에 있고, 치앙마이는 깊게 주름진 산줄기 사이의 분지에 쏙 들어간 모양새입니다. 한편 방콕은 태국의 젖줄 짜

태국 지도.

오프라야강이 타이만과 만나는 공간이에요. 짜오프라야강은 북부 산지에서 발원한 난강, 핑강 등이 한데 모이는 큰 강으로 치앙마이를 관통하는 하천도 짜오프라야강의 지류에 속합니다. 태국 전체를 크게 아우르는 짜오프라야강의 끝에 국가의 정치와 권력, 문화와 경제를 아우르는 수도가 있는 건 어쩐지 자연스럽습니다.

수완나품 국제공항에 내리니 4월 초인데도 습하고 덥습니다. 깔끔한 공항철도 노선도를 보니 원하는 목적지까지 한 번에 이동할 수 있겠네요. 방콕은 지하철 연결망이 꽤 촘촘합니다.

웅장한 존재감을 가진 왓 프라깨우

축제를 즐기기에 앞서 방콕에 오면 가고 싶던 사원 여행을 시작해 봅니다. 방콕 3대 사원은 왓 프라깨우, 왓 포, 왓 아룬입니다. 그중에서도 왓 프라깨우는 왕궁 내에 있는 사원이에요. 사원과 왕궁을 함께 볼 수 있다는 점에서 불교의 나라 태국의 정수를 맛볼 수 있는 곳이지요.

지하철을 타고 사남차이역으로 향합니다. 역내 플랫폼을 수놓은 화려한 금장식의 기둥과 아름다운 조명이 눈길을 끕니다. 국가적으로 정말 중요한 시설 근처에 왔다는 강렬한 느낌을 줍니다. 왕궁 입구까지는 걸어서 15분 정도의 거리입니다. 하얗고 높은 벽을 따라 걸으면서 담장 너머를 보면, 삐죽삐죽 솟은 사원 지붕이 간간이 시야에 들어옵니다. 입구에서 매표를 마치면 왕궁으로 들어갈 수 없는 복장에 관한 안내판이 보입니다. 배꼽이 드러난 티, 찢어진 청바지, 무릎 위가 노출된 치마, 속옷이 비치는 옷 등은 국가의 신성불가침 영역과 맞지 않다는 취지이지요. 옷매무새를 다듬고 안으로 들어갑니다.

본격적으로 왕궁을 둘러보기 전, 공간의 간략한 이력을 들춰 봅니다. 이곳은 1782년부터 역대 국왕이 머무는 공식 관저이자 집무실로 쓰였어요. 태국 국민의 95%는 불교 신자라고 합니다. 국왕도 불교 신자이지요. 단순히 불교 신자인 정도가 아니라 오랜 기간 불교의 교리에 따라 수행을 마친 자만이 국왕에 오를 수 있습니다. 가히 불교의 나라답습니다.

천천히 왕실과 사원을 간단히 둘러볼까요? 가장 먼저 왓 프라깨우의 존재감이 남다릅니다. 황금빛으로 무장한 사원의 별명은 '에메랄드 사원'입니다. 에메랄드 불상이 모셔져 있는 대웅전, 키가 5m 정도인 거인 도깨비 '약$_{yak}$' 의 위용이 특별히 인상적입

왓 프라깨우를 지키는 거대 도깨비 상.

화려한 모습의 왓 프라깨우.

니다. 에메랄드 불상은 불교의 발상지인 인도로부터 선물로 받았다고 합니다.

세계에서 오직 태국에만 있는 법률 체계가 있습니다. 태국 불교와 국가 권력의 관계를 규정한 법률, 승가법이에요. 승가僧伽란 태국 불교를 지탱하는 핵심 기관이자 승려 집단입니다. 태국은 이 승가가 부처의 가르침을 제도적으로 유지하고 계승할 수 있도록 헌법으로 권위를 부여했습니다. 승가의 최고 지도자인 승왕은 국왕이 임명하지요. 이를 통해 승가의 권력 구조에 국왕이 깊숙하게 개입하고 있음을 짐작할 수 있습니다.

우리나라에는 왕이 없기에, 국왕을 두는 태국의 정치 시스템이 생소할 수도 있을 텐데요, 1932년까지 태국은 조선 왕조와 같은 엄격한 전제 군주정이었습니다. 군주가 곧 국가였던 강력한 군주제는 1932년 군사 쿠데타 이후 입헌 군주제로 변화했어요. 의회를 만들고 민주주의를 택하는 것처럼 보였지만 사실상 권력은 쿠데타를 주도했던 군부 출신이 장악하게 되었습니다. 이후 태국은 잦은 쿠데타로 골머리를 앓았습니다. 2014년 쿠데타 이후 2017년 헌법 개정으로 상원 의원 250명을 군부가 지명하도록 하면서 정치 시스템을 군부가 장악하게 되었지요.

그럼에도 태국에서 국왕의 상징성과 왕실을 향한 국민적 신뢰는 여전히 높은 편입니다. 군부가 쿠데타의 정당성 여부를 국왕을 알현하여 타진하는 경우도 있을 정도입니다. 총칼이 왕실을 겨냥했다가는 태국 국민 전체가 들고 일어설 정도로 국왕은 여전한 존재감을 자랑합니다. 사정이 이렇다 보니 국왕과 군부가 더부살이하는 독특한 권력 구조가 만들어졌습니다.

태국 법에는 서슬 퍼런 '왕실 모독죄'도 있답니다. 태국 형법 112조는 왕과 왕비 등 왕실을 모독하거나 부정하는 경우, 최대 15년의 징역형에 처하도록 강제하고 있습니다. 2024년 태국의 모 활동가가 군주제를 비판하며 올린 글로 징역 50년의 실형을 받은 일도 있습니다. 태국의 정치 시스템이 진정한 민주주의로 나아가기 위해서는 여전히 갈 길이 먼 상황이지요.

드디어 송끄란 축제! 한바탕 펼쳐지는 물싸움

송끄란 축제는 매년 4월 13일부터 15일까지 열립니다. 4월 13일이 태국의 설날이거든요. 송끄란 축제는 태국의 주요 여행지를 중심으로 펼쳐집니다. 푸껫과 치앙마이에서도 송끄란 축제를 즐길 수 있지요. 단단히 채비하고 방콕 카오산 로드로 나가 봅니다.

여느 축제라면 그냥 맨몸으로 가서 맘껏 즐기면 그만입니다. 하지만 송끄란 축제는 다릅니다. 지구촌 최대의 물싸움에 당당히 임하려면 눈을 보호할 수 있는 고글이나 물안경이 필수입니다. 근처 편의점에 들러 여권과 휴대폰을 젖지 않게 보호할 수 있는 방수팩, 물 빠짐이 좋은 기능성 옷을 장바구니에 넣습니다. 작은 편의점이지만 송끄란 축제를 위해 이미 만반의 태세를 갖춘 모양새입니다.

오전인데도 광장에는 이미 수많은 사람이 상상을 초월하는 물싸움을 펼치고 있습니다. 물총으로 성이 차지 않는 사람은 아예 양동이로 건물 2, 3층에서 시원한 물 폭탄을 내리붓습니다. 일면식도 없는 현지인과 여행자는 서로 뒤섞여 너 나 할 것 없이 세계 최대의 물 축제를 즐기는 데 여념이 없습니다.

송끄란 축제의 유래에 관해서는 아름다운 처녀를 흠모하는 두 총각에 관한 전설이 있는데요, 하지만 더욱 설득력이 있는 건 태국의 지리적 조건입니다. 축제의 출발은 단순했습니다. 태국이 본격적인 무더위를 맞기 시작하는 4월, 서로에게 축복하는 마음으로 가볍게 물을 뿌리는 게 시작이었습니다. 건기에는 물이 중요하고 귀하기 때문에, 물을 뿌리는 건 상대에게 호의를 표하는 행동이었던 것이지요. 4월은 비가 적게 오는 건기를 지나 본격적으로 비가 내리는 우기로 바뀌는 변곡점입니다. 비의 양이 가장 적은 12월과 비교해 20배에서 많게는 60배까지 불어나지요.

이렇게 건기와 우기가 뚜렷한 건 열대 사바나 기후의 특징이에요. 적도와 멀지 않은 탓에 일 년 내내 기온은 높은 편이지만 비는 철저히 시기를 구분하여 태국을 찾아옵니다. 그러니 건기를 견디고 버티는 건 태국인에게 큰 과제였을 것입니다. 오늘날에야 체계적인 물 관리 시스템을 두겠지만, 예전에는 그렇지 않았겠지요. 비가 내리는 4월이 태국에서 의미가 있는 이유입니다.

축제를 즐기는 중에 아찔한 순간도 경험합니다. 사람들이 넘어지는 걸 즐기는 일부 청년들이 균형을 잃고 넘어진 사람을 집중적으로 공략하는 모습이 보는 마음을 불편하게 만들었습니다. 곳곳에 경찰 인력이 배치되어 있지만 공권력의 통제는 축제의 분위기가 고조됨에 따라 큰 효과를 발휘하지 못합니다.

축제를 취지에 맞게 온전히 기쁘게 즐기기 위해서는 안전한 축제 문화가 뒷받침해 주어야 하지요. 축제가 치러지는 동안 기하급수적으로 느는 교통사고 사상자, 인근 병원에 밀려드는 입원 환자, 심지어 목숨을 잃은 수백 명의 사망자 통계는 송끄란 축제의 의미를 돌아보게 만듭니다.

다른 나라에도 비슷한 축제가 있을까?

한편 이웃 나라 라오스에서는 피 마이 축제가 열립니다. 축제의 취지와 맥락이 송끄란 축제와 비슷하지요. 미얀마에서는 띤잔, 캄보디아에서는 본옴뚝이라 불리는 물 축제가 열리고, 중국 남부의 윈난성에서는 타이족이라는 부족이 서로에게 깨끗한 물을 뿌리는 축제를 엽니다. 재앙, 질병 등이 깨끗이 씻겨 나가기를 바라는 염원을 담은 행위인데요, 강가에서 목욕하거나 불상에 신성한 물을 붓는 의식 등을 치르면서 즐거워합니다.

아시아 곳곳의 지역에서 비슷한 시기에 비슷한 축제를 여는 건 몬순이라고도 부르는 계절풍과 관련이 깊어요. 앞서 언급한 축제들은 모두 송끄란 축제와 비슷하게 4월 중순에 열리며, 캄보디아의 본옴뜩만 계절풍이 끝나는 시기에 맞추어 10월 혹은 11월에 열립니다. 넓게 보아 인도에서부터 우리나라와 일본에 이르는 아시아 지역은 여름철에 맞춰 계절풍이 부는 몬순 아시아 지역이에요. 그래서 여름에 비가 내리고 더운 지역이 많지요. 생명의 근원인 물을 머금고 있는 계절풍은 일 년 농사는 물론 생활 전반에도 큰 영향을 주기에 중요합니다. 우리나라도 여름 계절풍이 없다면, 단박에 벼를 재배할 수 없는 환경이 되어 버릴 거예요.

이렇듯 단순한 물싸움처럼 보이는 축제에도 흥미로운 지리적·문화적 배경이 숨어 있답니다. 다양한 배경지식을 알고 나면 축제를 더욱 즐겁게 만끽할 수 있을 거예요.

태국 땅의 세 가지 색깔

태국은 인도차이나반도의 가운데에 있습니다. 인도차이나는 인도 와 중국의 사이에 있는 반도라는 뜻이에요. 태국의 지리적 조건은 크게 세 부분으로 나누어서 이해할 수 있어요. 앞서 살펴본 치앙마 이, 방콕, 푸껫 세 도시는 각각 태국 북부의 산지, 중부의 평야, 남부 의 반도를 대표하는 핵심 여행지입니다.

먼저 북부 산지는 둥근 타원형으로 주름진 산줄기가 특징입니 다. 그 사이마다 사람들이 모여 사는 마을이 들어서 있고, 산줄기를 따라 물이 흘러내립니다. 여러 물줄기는 짜오프라야강으로 모여 타이만으로 흘러드는 구조입니다. 11세기 무렵에는 산줄기 사이마 다 벼농사를 지으면서 여러 국가가 번성했는데요, 이들 국가를 하 나로 통일한 첫 세력이 바로 크메르 제국입니다. 크메르 제국의 영 향권은 오늘날의 캄보디아와 베트남의 메콩강 하류 일대, 태국에 이를 정도로 넓었어요. 크메르 제국이 약 600년 동안 일대를 지배 하며 남긴 대표적인 건축물이 바로 캄보디아의 앙코르와트 사원입 니다.

다음으로 중부의 넓은 평야에는 오늘날 태국의 수도인 방콕이 위치하고 있답니다. 그리고 방콕 주변으로는 대도시를 뒷받침할 수 있는 대규모의 벼농사 지대가 밀집해 있지요. 이 일대는 비옥한 토양을 바탕으로 일 년 내내 벼를 심고 수확할 수 있는 그야말로

벼농사의 천국입니다. 그렇기에 많은 사람들이 모여 살며 중심지
로 발달할 수 있었지요.

　마지막으로 푸껫이 있는 말레이반도는 인도차이나반도에서 뻗
어 나와 좁고 길게 남북으로 발달해 있습니다. 반도의 가장 북쪽은
미얀마, 중부는 태국, 남부는 말레이시아의 영토입니다. 남쪽 끄트
머리에는 세계적인 무역 거점으로 성장한 싱가포르가 있습니다.
말레이반도를 따라 곳곳에 발달한 해안에는 산호초의 발달이 도드
라져 해양 레저를 즐기기에 적합하지요. 이는 적도와 가까운 지리
적 조건 때문입니다. 푸껫과 비슷한 환경인 말레이시아의 피낭, 랑
카위 등의 해변도 같은 이유로 여행자들의 사랑을 받지요.

건기와 우기가 뚜렷한 사바나 기후

태국이 건기와 우기가 뚜렷한 건 아열대 고압대와 적도 저압대의 관계에서 비롯합니다. 적도 언저리에 만들어지는 적도 저압대는 열대 수렴대라고도 불리는데요, 뜨거운 적도에서 끊임없이 증발해 하늘로 오르는 수증기가 금방 비구름이 되어 비를 내립니다. 적도 저압대의 영향을 받는 지역에서는 비구름이 끊일 날 없는 열대 우림 기후가 나타나지요.

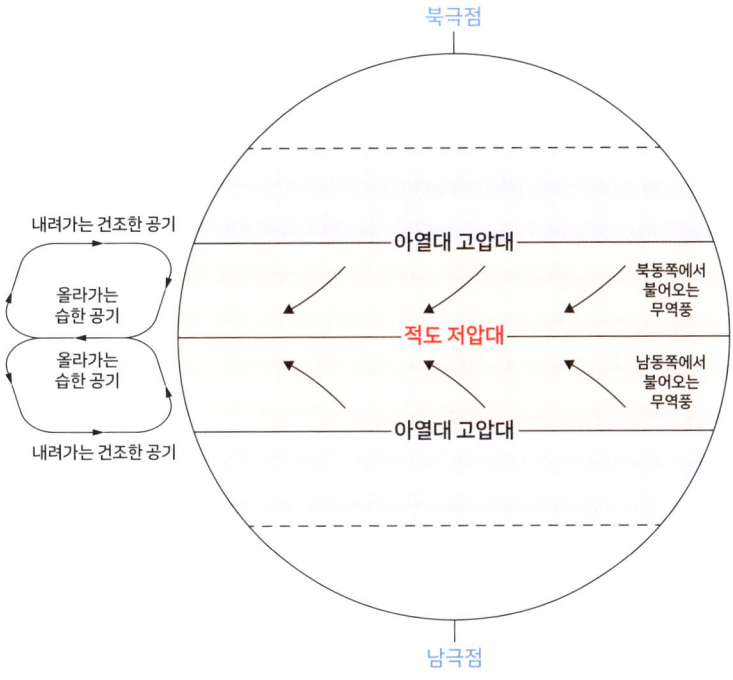

적도 저압대와 아열대 고압대의 형성 원리.

적도 저압대에서 비를 내린 공기는 고위도로 이동하면서 건조한 바람이 되어 붑니다. 이런 환경을 아열대 고압대라고 해요. 일 년 내내 비슷한 공기의 흐름이 만들어지다 보니, 아열대 고압대의 영향을 받는 지역은 늘 건조합니다.

적도 저압대와 아열대 고압대는 한 쌍이 되어 움직여요. 이들의 움직임을 유도하는 건 지구로 에너지를 공급하는 태양입니다. 지구는 태양 주변을 공전하기 때문에 일 년 중 일정 시기는 북반구가 에너지를 집중하여 받고, 반대로 다른 시기에는 남반구가 에너지를 받는데요, 이에 따라 적도 저압대가 이동하고 아열대 고압대도 함께 위아래로 움직이는 구조가 만들어집니다.

북반구 아열대 지역에 있는 태국은 북반구가 여름인 시기에 적도 저압대의 영향을 받고, 그 반대의 시기에는 아열대 고압대의 영향을 받습니다. 적도 저압대의 영향권에서는 비가 많이 내리는 우기가, 아열대 고압대의 영향권에서는 비가 매우 적게 내리는 건기가 찾아오는 것이지요.

자연이 만든 세상,
그 위에 숨 쉬는
인간

자연 경관은 보는 것만으로도 마음이 평온해집니다. 아주 오랜 세월 동안 만들어지고 다듬어진 경관이기 때문입니다. 인간이 만든 도시 공간이 좋다고 예찬하는 사람이 많습니다. 하지만 마음 한구석엔 자연을 벗 삼아 평안을 찾고자 하는 바람이 있는 것도 사실입니다. 그렇다면 이런 곳은 어떨까요? 아름다운 자연을 도화지로 삼아 인간이 다채로운 이야기를 그린 공간 말이에요. 그런 지역은 자연과 인문이라는 두 가지의 조건을 두루 만족하는 공간입니다. 아름다운 항구 도시가 그렇고, 눈부신 호수 곁의 도시가 그렇습니다. 국토 전역이 천혜의 자연환경을 지녀 개발보다는 보존을 택한 나라도 있습니다. 그 덕에 여행자가 많이 찾아 세계에서 손에 꼽는 여행국으로 발돋움했죠. 3부에서는 아름다운 자연환경에 아로새겨진 인간의 발자취를 따라가 봅시다.

자연이 선사한
눈부신 색채의 항구

인류는 오랫동안 바닷가를 벗 삼아 생활해 왔습니다. 바닷가에서 물고기 등의 해산물을 잡으면서 살아온 것이죠. 언젠가부터 인류는 먼바다에 나갈 꿈을 꿨습니다. 수평선 너머에는 어떤 곳이 있을지 호기심이 일었던 거예요. 그곳이 세상의 끝일지 천상의 낙원일지는 아무도 몰랐지만, 나아가려는 도전은 서서히 무르익어 15세기 대항해 시대를 맞이했습니다.

먼바다를 항해하는 일은 한 번의 도전으로 성공할 수 없는 일이었어요. 오랜 시간 조금씩 항해의 거리를 늘리고 다시 돌아오는 일을 반복한 끝에 성공할 수 있었죠. 먼바다로 나아가는 데 무엇보다 중요한 건 항구입니다. 항구는 원한다고 해서 아무 데나 만들 수 있는 게 아닙니다. 배가 쉽게 들어오고 나갈 수 있어야 하고, 배 밑이 땅에 닿지 않도록 수심도 적당히 깊어야 하지요.

항구는 크게 두 종류입니다. 하나는 자연적으로 항구의 조건을 갖춘 자연 항구, 다른 하나는 부족한 조건을 인간이 기술적으로 메워 만든 인공 항구입니다. 자연 항구는 파도를 막을 수 있는 지형 조건에서 만들어집니다. 일종의 천연 방파제가 있으면서도 배가 충분히 드나들 수 있는 수심을 갖춘 공간은 많지 않아요.

세계적으로 이름난 항구는 대부분 자연 항구입니다. 브라질의 리우데자네이루, 오스트레일리아의 시드니, 이탈리아의 나폴리는 특히 아름답기로 소문난 자연 항구입니다. 이들 도시는 각각의 국가에서 손에 꼽는 인구 밀집 지역이자 핵심 도시이기도 해요.

이번 여행은 남아메리카 브라질의 리우데자네이루로 떠나 봅니다. 리우데자네이루는 줄여서 '리우'라고도 부릅니다. 2016년 브라질 리우 올림픽으로 유명해진 곳이기도 하지요. 리우 올림픽은 남아메리카 대륙에서 처음으로 개최한 올림픽입니다. 브라질의 최대 도시 상파울루가 아닌 리우데자네이루가 올림픽 개최지가 된 데는 아름다운 경관이 크게 작용했을 것입니다. 눈부신 항구 도시인 리우데자네이루에는 어떤 여행의 매력이 숨어 있을까요? 그 매력을 찾기 위해 우선 갈레앙 국제공항으로 향해 봅니다.

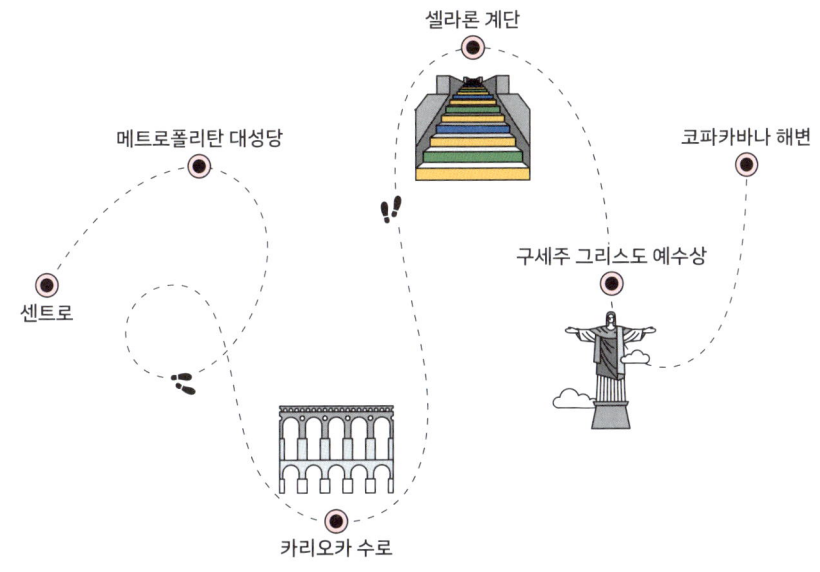

셀라론 계단

메트로폴리탄 대성당

코파카바나 해변

센트로

구세주 그리스도 예수상

카리오카 수로

리우데자네이루의 중심, 센트로를 걸으며

갈레앙 국제공항에서 리우데자네이루 도심까지는 버스를 이용해야 합니다. 갈레앙 공항은 영종도에 있는 인천국제공항처럼 구아나바라만의 섬에 있는데 지하철과는 연결되어 있지 않거든요. 리우데자네이루에는 산투스 두몬트 공항도 있습니다만, 이곳에서는 주로 국내선 비행기가 뜨고 내립니다.

공항버스로 40여 분을 가면 센트로에 도착합니다. 센트로는 오래된 역사적 건물과 현대적인 고층 빌딩, 주택 등이 다양하게 섞여 있는 리우데자네이루의 핵심지입니다. 브라질에서 가장 오래된 공원인 파세이오 푸블리코 공원은 포르투갈 리스본의 정원 양식으로 디자인되었어요. 칸델라리아 교회와 메트로폴리탄대성당 또한 포르투갈의 국교였던 가톨릭교와 관련된 건물입니다. 이렇게 포르투갈과 관련된 흔적이 많이 보이는 까닭은, 브라질이 한때 포르투갈의 식민지였기 때문입니다.

유럽의 대항해 시대를 연 두 나라 포르투갈과 에스파냐는 대서양을 건너 아메리카로, 인도양을 건너 아시아로 세력을 확장하면서 경쟁했습니다. 해양 지배력을 높이기 위한 두 나라의 경쟁은 크리스토퍼 콜럼버스가 아메리카 신항로를 발견한 후 더욱 첨예한 대립으로 이어졌어요. 에스파냐의 지원을 받은 콜럼버스가 발견했던 카리브해 연안의 섬에 대해 포르투갈이 소유권을 주장했거든요. 포르투갈은 기존에 에스파냐와 맺은 조약을 근거로 내세웠어요. 이 문제를 두고 두 나라는 전쟁이라는 최악의 경우를 피하고자 결국 교황에게 중재를 요청합니다.

그 당시 교황이었던 알렉산데르 6세는 아조레스 제도를 기준으로 서쪽으로는 에스파냐가, 동쪽으로는 포르투갈이 갖는 절충안을 제시합니다. 하지만 팔은 안으로 굽는 법이랄까요? 에스파냐가 고향인 교황은 상대적으로 포르투갈에 불리한 협정을 제안합니다. 남아메리카 대륙의 극히 일부만을 영토로 갖게 된 포르투갈은 직접 협상에 돌입하여 토르데시야스 조약으로 새로운 경계선을 지정합니다. 서경 38도의 기준선을 서경 46도로 옮긴다는 게 골자였습니다. 이 조약을 근거로 포르투갈은 브라질을 식민지로 만들 수 있었죠. 물론 이 지역에 살던 토착민들은 동의한 적이 없었지만요.

리우데자네이루는 브라질의 옛 수도이자 포르투갈의 망명 수도로서 명실상부 최고의 도시였습니다. 그러나 현재 항만으로서 물류 처리량은 유명세에 비해 많지 않습니다. 리우항은 여전히 브라질의 주요 수출항 중 하나지만, 오늘날 브라질 부동의 1위 항구는 산토스거든요.

산토스항이 리우항의 오랜 아성을 무너뜨릴 수 있었던 건 브라질 최대 도시 상파울루와 가깝기 때문이에요. 거대 도시의 인구를 위한 다양한 수입품이 산토스항을 통해 들어오거든요. 산토스항을 통해 해외로 나가는 품목 또한 상당한데요, 가장 대표적인 게 커피입니다. 세계 커피 생산의 약 30%를 담당하는 브라질의 주요 커피 수출항이니, 이곳을 떠난 배는 세계 각지로 나아갑니다. 그러나 여행지로서는 산토스항보다 리우항이 더 다채로운 매력을 선사합니다. 리우데자네이루에서는 천혜의 자연환경과 인문환경의 조화를 만날 수 있거든요. 그럼 본격적으로 리우 시내를 돌아볼까요?

카리오카 수로를 지나 셀라론 계단에 앉아

메트로폴리탄 대성당은 생김새가 이집트의 피라미드를 연상케 하는데요, 원뿔 모양의 콘크리트 구조물과 그 안의 스테인드글라스가 신비로운 분위기를 자아냅니다. 센트로 여행자라면 한 번쯤

카리오카 수로와 그 뒤로 보이는 메트로폴리탄 대성당.

들러 보게 되는 명소이지요.

대성당 옆에는 이탈리아 로마를 연상하게 하는 아치형 구조물이 있습니다. 바로 카리오카 수로입니다. 이 수로는 리우데자네이루 일대를 포근하게 감싸는 만티케이라산맥에서 흘러든 카리오카강에서 물을 가져와 주로 항구의 선박에 공급할 목적으로 만들어졌어요. 카리오카 수로 또한 포르투갈의 영향을 받았습니다. 리스본의 로마네스크 양식 수로를 모방해 만든 구조물이거든요. 카리오카 수로는 19세기에 쓰임을 다하면서 트램이 오가는 고가도로로 새롭게 활용되게 됩니다.

카리오카 수로에서 멀지 않은 곳에서 여행자로 북적이는 셀라론 계단을 만날 수 있습니다. 형형색색의 타일이 감싸고 있는 이 계단은 어느 화가의 일생을 건 도전으로 만들어졌습니다. 1990년, 칠레 출신의 예술가 호르헤 셀라론은 리우 거리를 활보하며 공사장에서 버린 타일을 주워다가 계단을 장식하기 시작했습니다. 그 모습이 인터넷으로 널리 퍼져 나가 큰 반향을 불러일으켰고, 여행자들을 통해 전 세계의 타일이 모여들었어요.

셀라론 계단의 작업 과정은 열 사람의 밥 한 숟가락이 모이면 한 사람의 밥 양이 된다는 우리 속담 십시일반+匙一飯을 떠올리게 합니다. 전 세계 60개국 이상에서 몰려든 가지각색의 타일을 셀라론이 예술적으로 모자이크하면서 이 계단은 리우데자네이루에서 결코 빼놓을 수 없는 여행지가 되었습니다.

셀라론 계단은 행정구역상 산타 테레사와 라파의 경계선에 있는데요. 산타 테레사의 산지 정상에는 파벨라가 있습니다. 파벨라는 브라질의 슬럼을 총칭하는 말입니다. 도시의 빈곤층이 모여 사는 지역을 슬럼이라고 부르지요. 브라질 대도시라면 어느 곳이나 부분적으로 파벨라가 있는데, 가장 규모가 크고 악명이 높은 곳이 바로 리우데자네이루에 있는 호시냐 파벨라입니다. 셀라론 계단을 넘어 언덕으로 오르면 크고 작은 파벨라가 언덕을 차지하고 있습니다.

무허가 건축물, 생활 환경이 매우 열악한 위태로운 건축물은 실

색색의 타일들로 채워진 셀라론 계단.

은 어느 도시에서나 만날 수 있는 도시의 그림자입니다. 상파울루와 리우데자네이루와 같은 대도시의 파벨라는 범죄 집단과 얽힌 문제적인 장소로 인식되기로 해요. 특히 마약 거래의 대명사로 유명하지요. 여행자라면 굳이 이곳에 발을 들이지 않도록 하되, 세계 곳곳에서 슬럼 문제가 끊이지 않는 현실도 바라볼 줄 알아

리우데자네이루 산기슭에 빼곡하게 들어찬 파벨라.

야겠습니다. 열악한 거주 환경을 개선할 수 있도록 기반을 마련하는 일이 중요한 사회의 과제라는 점도 인식할 필요가 있습니다.

거대 예수상에서 바라보는 팡지아수카르산

이제 높이 30m로 만들어진 리우데자네이루의 거대 예수상을 보러 갑시다. 이곳에 가는 가장 좋은 방법은 센트로 시내에서 트램을 타고 한 번에 오르는 겁니다. 트램이 해발 710m의 코르코바두산을 오르는 동안 감상하는 리우데자네이루의 전경은 마음을 더욱 들뜨게 만들죠.

거대 예수상의 정식 이름은 구세주 그리스도상입니다. 예수상의

몸은 철근 콘크리트로 되어 있어 매우 단단한 느낌을 줍니다. 현지인은 물론 여행자까지 매년 수백만 명이 찾는 거대 예수상은 브라질의 랜드마크로 손색이 없습니다. 도시 어느 곳에서나 한눈에 찾아볼 수 있는 산꼭대기에 큰 예수상을 만들자고 제안한 건 리우데자네이루 대교구였어요. 두 팔을 벌린 예수상을 통해 평화의 메시지를 전하고자 했지요.

거대 예수상 곁에 서면 탁 트인 조망이 압도적입니다. 앞서 지나왔던 센트로 일대의 도심을 비롯해 해안 곳곳을 빼곡하게 메운 시가지의 모습이 탄성을 자아내요. 넓디넓은 구아나바라만이 대서양과 만나는 좁은 물목에는 복잡하게 드나드는 물과 육지의 파노라마가 펼쳐집니다. 그중에서도 가장 돋보이는 건 팡지아수카르산입니다. 팡지아수카르산의 별명은 설탕 덩어리를 뜻하는 슈거로프Sugar loaf입니다. 설탕 덩어리 모양처럼 생겨서 붙은 별명이에요. 19세기 후반 우리가 흔히 아는 각설탕이 만들어지기 전, 정제한 설탕의 모양이 뾰족하게 생긴 타원체 모습이었거든요.

팡지아수카르산의 생김새는 화강암이 다져진 밀도에 따라 형성된 것입니다. 거대 예수상이 있는 코르코바두산과 리우데자네이루 일대의 굴곡진 산지의 기반암은 대부분 화강암입니다. 화강암은 위치에 따라 커다란 암반으로 노출되는 경우가 많습니다. 따끈한 두부모를 생각해 보세요. 여러 번의 칼질을 해 잘게 다진 두부와 듬성듬성 칼질을 한 두부는 전혀 다른 모습이 되죠? 화강암도 비슷합

구세주 그리스도 예수상과 맞은편의 팡지아수카르산.

니다. 갈라짐의 밀도 차에 따라 어떤 곳은 낮은 곳으로, 또 어떤 곳은 높은 암반으로 남는 경우가 많거든요. 거대 예수상이 있는 높고 뾰족한 코르코바두산은 바로 이런 과정에서 남은 산지라고 이해해도 좋습니다.

예수상은 가끔 낙뢰를 맞기도 합니다. 사바나 기후의 리우데자네이루는 비구름이 강하게 발달하면서 천둥 번개가 자주 치는 시기가 있거든요. 일반적으로 암반에 낙뢰가 떨어지면 빗물과 함께 빠르게 암반 주변으로 전류가 흐릅니다. 낙뢰가 예상되는 날에는 이곳 여행을 주의해야 한다는 것도 참고로 알아 두었으면 합니다.

황금빛으로 반짝이는 코파카바나 해변

유달리 반짝이는 코파카바나 해변이 이번 여행의 마지막 장소입니다. 약 4km 길이로 뻗은 코파카바나 해변은 리우 올림픽의 비치발리볼 경기가 열린 곳이기도 하죠. 이 해변을 위성 사진으로 보면 반달 모양으로 대서양을 향해 활짝 열려 있습니다. 황금빛으로 빛나는 모래가 펼쳐진 백사장과 함께요.

백사장의 모래를 한 움큼 쥐면 수정처럼 맑은 알갱이와 약간 누런 알갱이, 매우 작은 검은 알갱이가 보일 거예요. 이들을 각각 석영, 장석, 운모라고 부르는데요, 작은 알갱이 여럿이 모여 반짝반짝 빛나는 백사장의 정취를 더하지요. 이런 물질은 주변 산지의 화강암에서 떨어져 나와 해안에 쌓인 거라고 보면 됩니다. 해안을 이루는 핵심 구성 요소는 해안을 향해 돌출한 곶과 육지를 향해 들어온 만인데요, 곶은 바다에서 밀려든 파도의 힘으로 깎여 만들어지고, 만은 곶에서 깎인 물질이나 내륙에서 하천이 운반해 온 물질이 쌓여 만들어지는 게 일반적입니다. 그러고 보니 우리나라 동해안도 코파카바나 해변과 비슷한 느낌을 주지요? 역시나 화강암 지역이라 가능한 일이랍니다.

리우데자네이루에는 코파카바나 해변 말고도 이파네마 해변, 레브롱 해변, 바라 해변 등 아름다운 해변이 즐비합니다. 곶과 만의 드나듦을 통해 만들어지는 모래사장 속에 화강암이 내어 준 작은 알갱이가 속속들이 들어차 저마다의 풍경을 연출하는 거죠. 때론

황금빛 모래로 덮인 리우데자네이루의 코파카바나 해변.

높은 암반의 모습을, 때론 작은 알갱이의 모습을 한 화강암의 변주에 따라 리우데자네이루의 공간이 색다르게 연출된다는 사실을 기억해 주었으면 합니다.

한 가지 더 생각해 볼 건 지오투어리즘geotourism으로서의 리우데자네이루입니다. 지오투어리즘은 독특한 지형 경관이 여행의 핵심이라는 관점에서 한 발 더 나아가 그 지역의 역사, 문화, 생태 유산에 관해서도 관심을 두는 여행의 모습을 뜻해요. 지오투어리즘의 취지를 십분 살리면 그 지역의 유산을 적극적으로 보호하려는 태도를 가질 수 있습니다. 리우데자네이루 여행자라면 더더욱 이러한 취지를 생각해 볼 필요가 있어요. 팡지아수카르산을 비롯한 가베아 바위, 코르코바도산, 카가라스 제도 등이 펼쳐낸 다채로운 경관은 리우데자네이루의 풍성한 지질학적 가치를 보여 줍니다.

지오투어리즘 여행자의 관점에서 보면 팡지아수카르산이나 카라카스산을 오를 때 활용했던 케이블카와 트램이 이곳 본연의 아름다움을 훼손하는 것은 아닌지 돌아보게 됩니다. 카가라스 제도에 사는 다양한 생물 종이 최근 기후 변화와 해양 쓰레기로 몸살을 앓고 있다는 것에도 관심을 기울이길 바랍니다. 여행을 즐겁게 만드는 자연환경과 지질학적 가치를 알고 이를 지속 가능한 방향으로 보존하고자 노력하려는 태도는 세계 시민이라면 꼭 지녀야 할 덕목입니다.

브라질의 주요 항구, 사우바도르와 리우데자네이루

사우바도르는 브라질에서 가장 오래된 도시에 속합니다. 포르투갈에서 대서양을 건너 브라질 동부 해안을 따라 내려오면 만나게 되는 항구이기 때문에 리우데자네이루보다 먼저 개발되었어요. 사우바도르는 기후적으로 적도와 가까워 사탕수수 재배가 활발했습니다. 아프리카에서 강제로 끌고 온 노예를 사우바도르의 사탕수수 농장에 투입하는 식이었어요. 이른바 플랜테이션 농업을 유지하기 위해선 노예를 들이고 사탕수수를 수출하는 사우바도르와 같은 항구가 필요했습니다.

리우데자네이루에 관한 관심이 증폭된 건 미나스제라이스에서

오랜 역사를 가진 브라질의 또 다른 항구 도시, 사우바도르.

금광이 발견되면서부터입니다. 리우데자네이루 일대의 기후 조건
이 커피 재배에 적합하다는 점도 핵심 항구로 성장하는 데 큰 영향
을 줬습니다. 커피 재배 역시 사탕수수와 마찬가지로 많은 노동력
이 필요한 일이라 노예 무역에 기댔거든요. 리우데자네이루는 노
예를 들이는 새로운 항구로 나날이 성장했습니다. 그 덕에 포르투
갈의 새로운 식민지 수도가 되었고 독립한 브라질이 1960년 내륙
의 브라질리아로 수도를 옮기기 전까지 수도 역할을 했습니다.

사우바도르와 리우데자네이루는 모두 육지를 향해 쏙 들어간 커
다란 만을 끼고 발달한 항구입니다. 내륙을 향해 넓은 만이 발달한
모양이다 보니 끄트머리에 항구가 생겨날 수 있었죠. 둘은 생김새
는 비슷하지만 공간 조건은 꽤 다릅니다. 사우바도르가 지질 시대
가 오래되지 않은 시기에 물질이 쌓여 만들어진 평평한 땅에 만들
어진 항구라면, 리우데자네이루는 매우 오래된 기반암이 주를 이
루는 공간이기 때문입니다. 사우바도르 주변에서는 이렇다 할 높
은 산지를 보기 힘들지만, 리우데자네이루 주변에서는 높은 산지
가 뚜렷하게 나타나는 것도 그런 이유에서입니다.

세계적인 삼바 축제, 리우카니발

리우데자네이루에서는 세계 3대 축제라 불리는 리우카니발이 열립니다. 매년 사순절이 있는 2월 즈음에 열리는데, 사순절이란 가톨릭교에서 자신이 받은 세례를 기억하고 참회하는 금욕 기간을 뜻해요. 카니발은 사순절 전의 마지막 요란스러운 의식을 뜻합니다. 리우카니발을 삼바 축제라고도 부르는데요, 삼바는 아프리카계 민족이 전파한 브라질 특유의 음악과 춤을 뜻합니다.

1723년부터 이어져 온 리우카니발은 매년 세계 각지에서 많은 여행자를 불러 모읍니다. 행렬에 맞춰 의상과 음악을 다양하게 펼치는 퍼레이드가 리우카니발의 주요 행사입니다. 축제가 열리는 삼보드로모는 길고 넓은 대형 관람장처럼 생겼어요. 길이 약 700미터에 이르는 거대한 광장의 양옆으로는 약 9만 명을 수용할 수 있는 그랜드스탠드가 나란히 서 있습니다. 세계 어느 곳이나 넓은 광장은 사람을 모으는 장소로 활용됩니다. 서울의 광화문광장, 파리의 샤를드골광장 등처럼 말이죠. 삼보드로모는 2016년 리우 올림픽에서는 양궁과 육상 마라톤 종목의 경기장으로 쓰이는 등 다목적 공간으로 활용 중입니다.

삼보드로모에서 열리는 리우 카니발의 모습.

거대하고 신비로운
생명의 호수

　바이칼호는 세계에서 가장 깊은 호수입니다. 깊이가 약 1,650m에 달하지요. 약 555m인 서울 잠실의 롯데월드타워 세 개를 쌓은 정도의 깊이입니다. 호수의 물은 바다와 달리 염분이 없는 민물인데요, 바이칼호가 품고 있는 민물은 지구상에 있는 민물의 약 20%에 이르는 양입니다. 약 2500만 년 전에 만들어졌으니 세계에서 가장 오래된 호수이기도 하지요. 이렇듯 거대한 규모와 역사 덕분에 바이칼호는 유네스코 세계자연유산으로 지정되기도 했습니다.

　바이칼호의 별명은 러시아의 갈라파고스입니다. 갈라파고스 제도는 찰스 다윈이 진화론의 아이디어를 구체화한 태평양의 화산섬 무리예요. 진화에서 중요한 건 일정 기간 동안 고립되는 일입니다.

주변과 완벽히 격리된 공간에서 생물은 그 환경에 맞추어 새로운 종으로 분화할 수 있기 때문입니다. 바이칼호에 사는 약 2,600여 종의 생물 중 60% 이상이 고유종이에요. 이곳이 오랜 시간 동안 고립된 공간이었음을 뜻하지요.

바이칼호는 흔히 찾는 여행지는 아닙니다. 한국에서 해외여행을 생각하는 사람이라면 으레 가까운 일본이나 중국, 동남아시아를 선택하는 일이 많습니다. 시간과 비용 면에서 더 여유가 있는 경우 북아메리카 지역이나 유럽을 고려하겠지만, 어지간해서는 시베리아의 끝자락에 있는 바이칼호를 떠올리기 쉽지 않지요. 가끔 몽골 여행을 계획한 사람이 울란바토르에서 멀지 않은 국경을 넘어 바이칼호에 방문하는 경우가 있습니다. 하지만 오직 바이칼호 하나만을 목적지로 두고 여행하는 경우는 드뭅니다.

여행의 스펙트럼을 넓히려는 사람에게는 바이칼호가 좋은 선택지가 될 것입니다. 직선거리로는 필리핀이나 중국, 홍콩 정도의 거리이지만, 심리적으로는 그보다 훨씬 멀게 느껴지는 바이칼호. 이번 여행은 가깝고도 먼 바이칼호로 발걸음을 옮겨 봅니다.

동해에서 러시아까지

바이칼호는 러시아에 있습니다. 구체적으로 말하자면 러시아 시베리아 연방관구 이르쿠츠크주에 있습니다. 해외여행이라고 하면 보통 비행기를 타고 한 번에 해당 도시에 내리는 경우가 많은데요,

이르쿠츠크에 가려면 비행기를 이용하더라도 경유지를 거쳐야 합니다. 우리나라에서 이르쿠츠크로 가는 직항 노선이 거의 없기 때문이지요.

비행기를 타고 가는 경우 가장 선호되는 경로는 러시아 블라디보스토크 공항을 거쳐 이르쿠츠크 공항으로 가는 겁니다. 비행기에서 기차로 갈아타고 가는 방법도 있습니다. 몽골의 칭기즈칸 국제공항을 거쳐 이르쿠츠크행 기차를 타거나, 러시아 블라디보스토크 공항을 거쳐 이르쿠츠크행 기차를 타는 식으로요. 여유로운 여행을 즐기는 사람이라면 배와 기차를 타는 방법도 있습니다. 우리나라의 동해항에서 배를 타고 블라디보스토크항으로 간 뒤, 거기서 이르쿠츠크행 기차를 타는 것이지요. 바이칼호에 가는 데만 열흘 정도의 시간이 걸리지만 그 경로 자체가 특별한 여행이 될 수 있습니다. 동해항을 출발한 배가 블라디보스토크로 가는 과정은 환동해 바다를 여행하는 일입니다. 환동해라고 하니 처음 듣는 사람도 많을 텐데요, 동해를 공유하는 대한민국, 러시아, 일본 각국이 활발하게 교류하자는 뜻에서 만들어진 용어입니다. 실제로 아주 오래전부터 환동해가 문명사적으로 기능했음을 밝히는 연구도 활발히 진행되고 있습니다. 용어의 취지에 걸맞은 교류는 아직 부족한 실정이지만 노력이 계속된다면 환동해가 태평양이나 북극 항로로 나아가는 핵심 지역으로 거듭날 가능성도 있습니다.

동해항을 출발한 크루즈는 하루 정도의 시간이 걸려 블라디보스

유라시아 철도 주요 노선.

토크항에 닿습니다. 러시아는 늘 태평양에 인접한 블라디보스토크를 중요하게 생각해 왔습니다. 러시아 동부 지역에서 유일한 부동항이거든요. 부동항은 얼지 않는 항구라는 뜻입니다. 바닷물이 얼어 버리면 뱃길이 막혀서 다른 나라와 교류할 수 없겠지요? 국토 대부분이 워낙 고위도에 있어 추운 나라인 러시아는 부동항을 무엇보다 소중하게 여깁니다. 중요한 부동항이 있는 블라디보스토크에서 모스크바와 유럽까지 오갈 수 있도록 만든 거대한 철도가 바로 시베리아 횡단 철도입니다.

숲의 터널을 지나 시베리아의 진주로

블라디보스토크항에서 시베리아 횡단 철도로 갈아타고 다시

러시아 바이칼호 - 거대하고 신비로운 생명의 호수 ● 137

3박 4일 정도를 달리면 이르쿠츠크입니다. 중국의 영토를 피해 반시계 방향으로 빙 돌아갈 수밖에 없어 오랜 시간이 걸립니다. 시베리아 횡단 철도는 유럽과 아시아를 잇는 총길이 약 9,300km에 이르는 세계에서 가장 긴 철도입니다. 여행자라면 시베리아 횡단 철도를 타 보고 싶다는 로망이 있기 마련이지요. 하지만 막상 열차에 오르면 비슷한 모습으로 반복되는 창밖 풍경에 자칫 하루를 넘기지 못하고 무료해질 수도 있어요. 이상과 현실의 간격은 클 때가 있는 법이니까요.

러시아는 우랄산맥을 기준으로 크게 동서로 나뉩니다. 광활한 러시아 영토의 서쪽에 위치한 우랄산맥은 아시아와 유럽의 경계라는 별명을 갖고 있어요. 우랄산맥 서쪽으로는 이미 오래전부터 철길을 거미줄처럼 연결해 두었지만, 동쪽으로는 강력한 추위와 폭설 때문에 오가는 게 쉽지 않았죠. 17세기 이후 러시아가 본격적으로 우랄산맥에 관심을 가지면서 시베리아에 철도를 놓는 구상을 합니다. 러시아는 각 분야의 전문가를 파견하여 오랜 조사와 타당성 검토 끝에 우랄산맥에 철도를 건설하기 시작했고, 이후 시베리아로 진입하는 입구에 해당하는 첼랴빈스크라는 도시를 기점으로 블라디보스토크까지 꾸준히 철로를 연결했어요. 그 중간쯤에 바이칼호와 가까운 곳을 지나는 역이 이르쿠츠크역이었고요.

분단 전에는 우리도 기차를 타고 중국과 러시아, 나아가 유럽까지 갈 수 있었어요. 실제로 1936년 베를린 올림픽에서 마라톤 금메

바이칼호와 울창한 숲 사이로 달리는 시베리아 횡단 열차.

달과 동메달을 목에 건 손기정과 남승룡 두 선수는 시베리아 횡단 열차를 거쳐 모스크바를 지나 베를린에 갔다고 해요.

이르쿠츠크행 열차의 창밖 풍경 중 가장 인상적인 건 끝없이 펼쳐진 침엽수림입니다. 가도 가도 끝이 없는 숲의 터널처럼 긴 열차 곁을 나란히 달리는 이 침엽수림 지역을 지리 용어로 '타이가'라 부릅니다. 시베리아 횡단 철도는 냉대 기후를 따라 위아래로 넓게 발달한 타이가 중에서도 가장 남쪽에 놓였습니다. 그나마 가장 덜 추운 곳을 찾은 것이지요.

바이칼호에 접어들어 이르쿠츠크에 이르는 구간은 횡단철도 여정에서 가장 아름다운 구간으로 유명합니다. 바이칼호를 곁에 두고 달리는 창밖의 풍경은 답답한 마음을 시원하게 뚫어 주지요. 녹빛 침엽수림은 은빛 자작나무 숲으로 옷을 갈아입기도 하는데, 그 곁에 푸른 바이칼호가 끝없이 펼쳐지니 여행자의 마음이 들뜰 수밖에요. 호수를 둘러싼 침엽수림과 산지의 설경은 바이칼호에 시베리아의 진주라는 별명을 안겨 주었어요.

이르쿠츠크가 품고 있는 이야기

오래 기다렸지요? 이제 시베리아를 대표하는 도시 이르쿠츠크에 도착했습니다. 시베리아 일대에서 규모가 큰 도시 중 하나인 이르쿠츠크의 시작은 17세기로 거슬러 오릅니다.

우랄산맥을 넘어 동쪽으로, 즉 시베리아로 세력을 넓히려는 러시아의 노력은 동쪽으로 나아간다는 뜻에서 동진 정책이라 불립니다. 러시아가 시베리아를 탐험하는 방법은 큰 강을 거슬러 오르는 것이었습니다. 시베리아의 오비강, 예니세이강, 레나강 등을 따라 진출한 겁니다. 허허벌판에 길을 내는 것보단 물길을 따르는 게 수월했겠지요.

겨울이 워낙 추운 곳이다 보니 탐험은 여름철에 진행되었어요. 큰 물줄기 사이사이마다 가지처럼 촘촘히 뻗어 나간 작은 물줄기가 이어진 곳을 중심으로 탐험이 이루어졌지요. 물길로 접근하기 힘든 곳은 도로를 놓고 배를 끌고 가는 고된 과정을 거쳐 탐험을 이어 갔습니다.

시베리아는 결코 쉬운 상대가 아니었습니다. 러시아는 동쪽을 향해 꾸준히 이동한 결과 58년이라는 시간이 걸려 1639년 태평양에 도달했습니다. 이후 주변 지역을 탐색하여 이르쿠츠크 일대에 다다랐지요. 그곳에서 러시아 육군은 아무르강 유역에 목조 요새를 만들고 도시와 문명을 키워 갔습니다. 이러한 방식은 이르쿠츠크뿐만 아니라 노보시비르스크, 옴스크, 하바롭스크 등 시베리아 주요 대도시의 초기 모습을 형성했습니다.

이르쿠츠크역에서 트램을 타고 도심으로 이동하면 유럽풍인 듯 아닌 듯한 다채로운 건물들이 펼쳐집니다. 러시아의 대문호 안톤 체호프는 이곳을 시베리아의 파리라고 부르기도 했지요. 나폴레옹이 유럽을 뒤흔들던 시절, 프랑스는 영국을 고립시키기 위해 대륙 봉쇄령을 내렸어요. 영국과의 교역을 막은 이 조치는 러시아에 경제적 타격을 주었지요. 러시아가 대륙 봉쇄령을 따르지 않자 나폴레옹은 러시아 원정을 나서 잠시 동안 모스크바를 점령합니다. 하지만 원정은 실패로 돌아가고, 러시아군은 유럽 동맹군과 함께 파리에 입성해 나폴레옹을 몰락시키지요. 이때 러시아의 젊은 장교들은 파리의 아름다운 건축 양식과 자유로운 도시 분위기에 매료되었다고 합니다. 그래서 프랑스 자유주의 사상을 러시아에 구현하기 위해 무장봉기를 일으키기까지 합니다. 하지만 이내 제압되어 이르쿠츠크로 유배당했습니다. 바로 이들이 이르쿠츠크에서 생활하면서 사교를 즐기고 음악회를 여는 등 파리의 문화를 들여왔기에 '시베리아의 파리'라는 별명을 얻게 되었지요.

이러한 역사적 맥락과 닿는 곳이 바로 데카브리스트 박물관입니다. 데카브리스트라는 말은 러시아어로 12월을 뜻하는 '데카브리'에서 왔는데요, 앞서 이야기한 젊은 장교들이 일으킨 봉기가 1825년 12월에 일어나서 그들을 데카브리스트라고 불렀습니다. 그 당시 데카브리스트의 지도자였던 세르게이 발콘스키의 집이 박물관으로 재탄생해 지금의 모습이 되었어요. 자유를 향한 데카브리스트의 갈망은 비록 실패로 돌아갔지만, 1917년 일어난 러시아 혁명의 씨앗이 되었습니다.

이르쿠츠크 중심가의 130지구에 가면 호랑이가 검은담비를 물고 있는 동상이 반깁니다. 호랑이와 담비는 시베리아의 생태와 산업을 간접적으로 알려 주는 동물입니다. 시베리아 호랑이는 일대의 최상위 포식자이고, 검은담비는 러시아의 모피 산업을 상징하지요. 모피 산업에 대한 욕망이 러시아가 시베리아 탐험을 한 이유 중 하나이기도 했어요. 검은담비 무역은 빠른 개체 수 감소로 이내 내리막길을 걷습니다만, 러시아가 시베리아 지역에 관심을 두고 지배해야 할 공간으로 인식하는 확고한 계기가 되었습니다.

이르쿠츠크 도시 여행에서 많은 사랑을 받는 또 다른 곳은 아름다운 종교 건축물입니다. 크리스트교에는 크게 세 개의 종파가 있습니다. 개신교, 가톨릭교, 그리고 동방 정교입니다. 동방 정교에

붉은 외벽과 파란 지붕이 돋보이는 카잔성당.

속한 독립 교회인 러시아 정교회의 성당인 카잔성당을 이르쿠츠크에서 만날 수 있습니다. 카잔성당은 러시아 각지에 있는데요. 이르쿠츠크의 카잔성당은 화려한 건축미가 돋보이는 붉은 외벽이 파란색 지붕과 어우러져 아름다운 자태를 뽐냅니다.

다양한 생물들의 터전, 바이칼호의 고유한 세계

이르쿠츠크에서 차로 3시간 정도 달리면 드디어 바이칼호입니다. 여기서 차를 배에 싣고 바이칼호에 떠 있는 여러 섬 중 가장 큰 올혼섬으로 가 볼게요. 올혼섬에 내리면 다시 차를 타고 후지르 마을로 향합니다. 후지르 마을에는 바이칼호에서 가장 유명한 장소인 부르한바위가 있습니다. 샤먼바위라고도 부르지요. 이곳에 오래전부터 살아온 부랴트족은 부르한바위에 바이칼의 주인이 산다고 믿었습니다.

부르한바위 근처에는 세르게 솟대가 있습니다. 언뜻 우리나라의 장승과 비슷하게 생긴 솟대에는 다양한 색깔의 천인 세르게가 둘려 있습니다. 세르게를 매달면서 소원을 빌면 이루어진다고 여기기 때문이지요. 부르한바위는 징기스칸의 무덤이라는 이야기도 있고, 우리 민족의 출발점이라는 이야기도 있답니다. 바이칼호 근처에 터를 잡았던 인류가 몽골로, 다시 중국을 거쳐 한반도로 이동해 정착했다는 설이지요. 올혼섬의 부르한바위에 앉아 깊고 푸른 바이칼호를 바라보면 오랜 역사를 마주하는 것 같은 묘한 감상에 빠

지게 됩니다.

부르한바위의 기반암은 철광석인데요. 철광석이 땅 위로 드러난 곳은 주술적인 힘이 있다고 여겨지기도 합니다. 그래서 바이칼호의 올혼섬은 기도하기 좋은 성지로 알려지기도 했어요. 비슷한 맥락에서 미국 서부의 세도나도 유명합니다. 산화된 철의 영향으로 거대한 암반이 시시각각 강렬한 붉은빛으로 옷을 갈아입는 공간이거든요.

바이칼호가 깨끗하고 맑은 이유는 최고의 미화원이 있기 때문입니다. 그 주인공은 새우처럼 생긴 동물 플랑크톤, 에피슈라예요. 현미경으로만 볼 수 있는 작은 몸집의 에피슈라는 호수 깊은 바닥에 살면서 물을 정화합니다.

오직 바이칼호에서만 만날 수 있는 동물도 있어요. 바로 바이칼 물범입니다. 바다표범이라고도 하는 물범은 원래 이름처럼 바다에 사는데, 바이칼물범은 바다표범이면서도 민물에 살기 때문에 특별합니다. 하지만 올혼섬을 열심히 둘러보아도 바이칼물범의 모습을 보기는 힘들다고 합니다. 여행 중 바이칼물범을 본다면 크나큰 행운이겠네요!

바이칼철갑상어, 골로먄카 등도 바이칼호에서만 볼 수 있는 고유종이에요. 수백 개의 작은 시내가 바이칼호로 모여들어 오는 반면에 바이칼호에서 물이 빠져나가는 길은 안가라강이 유일합니다.

바이칼호에서만 볼 수 있는 바이칼물범.

이렇게 고립된 환경 덕분에 생물 다양성이 풍부해졌지요. 오랜 시간에 걸쳐 생물들이 각자의 방식으로 환경에 적응해 왔을 테니까요. 그러니 바이칼호는 러시아의 갈라파고스라는 별명에 걸맞은 곳입니다.

세계에서 가장 깊은 호수, 바이칼호가 생긴 까닭은?

지구의 가장 바깥 껍데기 부분에는 '판'이라 불리는 지각이 있습니다. 지각은 지구의 뜨거운 열이 바깥으로 나가는 걸 방해합니다. 하지만 지구 내부에는 최고 7,000℃에 이르는 엄청난 열이 있습니다. 이 열은 언제든 기회를 노려 지구 바깥으로 나오려고 합니다. 그 에너지는 여러 조각으로 나뉘어 있는 판의 경계를 활발한 상호 작용의 장으로 만들어 놓았습니다. 이를 체계적으로 설명한 이론이 바로 판 구조론입니다.

판과 판은 서로 멀어지거나 가까워지려는 성질이 있습니다. 바이칼호를 중심으로 서쪽에는 유라시아판, 동쪽에는 아무르판이 있는데요, 본래는 붙어 있던 두 판이 멀어지면서 그 사이에 균열이 생겼습니다. 바이칼 열곡대라고도 불리는 그 거대한 틈에 오랜 시간 물이 채워져 지금의 바이칼호가 되었어요.

바이칼호의 형성에 판 구조 운동이 관여했다면, 또 다른 세계적인 호수인 북아메리카 대륙의 오대호의 형성에는 빙하가 관여했습니다. 마지막 빙하기 때 일대를 덮고 있던 커다란 빙하가 녹으면서 움푹 팬 곳에 물이 차 만들어진 게 바로 오대호입니다. 각기 다른 지리적 환경 속에서 크고 깊은 내륙 호수가 탄생한 것이지요.

이르쿠츠크에서 만나는 감자와 오물

시베리아의 혹독한 기후와 땅에서 기를 수 있는 최적의 작물 중 하나는 감자입니다. 감자는 오늘날에도 제법 춥다는 지역에서 널리 재배하는 대표적인 작물이지요.

본디 감자의 원산지는 아메리카입니다. 정확히 말하자면 페루와 에콰도르가 있는 적도 일대 안데스산맥의 고지대인데요. 춥고 척박한 환경에서도 잘 자라는 덕에 흉년으로 기근이 오면 요긴한 식량이 됐습니다. 식량이 부족했던 시절에 삶은 감자는 빵을 대신할 수 있는 최적의 음식으로 대접받았습니다.

그런 이유로 바이칼호 주변 식당에선 통감자 요리, 으깬 감자 요리, 감자수프 등 감자를 활용한 요리가 제법 많습니다. 감자로 만든 요리에 바이칼호의 연어나 '오물'이라는 물고기를 곁들이면 최고의 음식 조합이 만들어집니다. 특히 오물의 알이 맛있다고 정평이 나 있습니다. 감자와 오물 조합은 시베리아와 바이칼호의 조합이라 할 수 있겠네요.

화산의 흔적을 간직한
두 얼굴의 섬

　뉴질랜드는 남반구 오세아니아에 있는 섬나라입니다. 뉴질랜드 주변을 둘러보면 서쪽에 있는 이웃 나라 오스트레일리아를 비롯해 주변의 다른 섬나라들과 거리가 꽤 떨어져 있습니다. 동쪽으로는 넓은 태평양이 펼쳐져 있고요. 뉴질랜드는 북섬과 남섬으로 이루어져 있는데, 두 섬은 배로 3시간 정도면 오갈 수 있을 정도의 거리이지요.

　뉴질랜드 하면 가장 먼저 떠오르는 이미지는 찬란한 자연 경관입니다. 뉴질랜드는 자연환경을 오염시킬 만한 요소가 적고, 자연을 이용한 산업이 발달하여 천혜의 자연환경을 간직해 온 나라입니다. 뉴질랜드에서는 신재생 에너지를 활발하게 사용하고 있기 때문에, 매연을 내보내는 발전소가 드물어 대기의 질도 매우 좋습니다.

자동차, 선박, 철강 등과 같은 제조업보다는 소와 양을 이용한 축산업과 낙농업이 뉴질랜드의 주요 산업입니다. 포도 재배가 가능한 지역에서는 와인 산업이 발달하기도 했습니다. 오늘날에는 금융업이나 첨단 산업과 같은 고부가 가치 산업을 새로운 성장 동력으로 삼으려고 애쓰고 있지요.

뉴질랜드는 북반구인 우리나라와 달리 남반구이기 때문에 계절이 반대라는 점을 기억해야 합니다. 겨울에 간다면 여름 옷을, 여름에 간다면 겨울 옷을 준비해야 도착해서 당황하지 않겠지요?

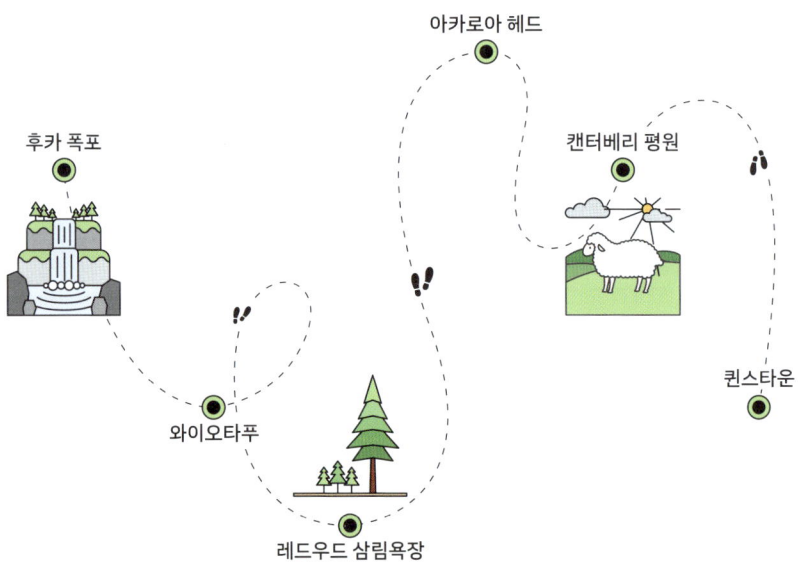

인천공항에서 뉴질랜드의 오클랜드 국제공항으로 가는 방법은 직항 노선과 오스트레일리아의 시드니를 경유하는 노선 두 가지인데요, 어떤 경우든 10시간이 넘는 비행을 각오해야 합니다. 오클랜드 국제공항은 북섬에 있어요. 뉴질랜드 최대 도시인 오클랜드와 수도인 웰링턴 모두 북섬에 있습니다. 북섬은 남섬보다 면적이 작지만, 전체 인구의 삼분의 이 정도가 거주하는 핵심 지역입니다.

외곽에 있는 공항과 도심을 연결하는 교통수단은 공항 리무진 버스나 렌트카입니다. 공항철도가 없는 게 의아하기도 한데요, 뉴질랜드는 오클랜드와 웰링턴 등 대도시 몇몇을 제외하면 도시와 도시, 마을과 마을이 제법 멀리 떨어져 있습니다. 그 사이 공간을 대부분 목초지가 채우고 있지요. 워낙 인구 밀도가 낮고 도로 교통이 잘되어 있어서 상대적으로 철도 교통의 필요성은 낮은 상황입니다. 뉴질랜드에 와서 주요 도시만 보고 여행을 마친다는 건 천혜의 자연환경을 수박 겉핥기로 만나는 것과 다름없습니다. 조금 더 여유롭게 자연 경관을 만끽하고자 한다면 캠핑이 가능한 차를 빌려 여행하는 걸 추천합니다. 뉴질랜드 곳곳에 마련된 캠핑장을 이용하거나 경치가 좋은 곳에서 한나절 쉬어 가는 건 색다른 매력을 선사하거든요.

화산에서 태어난 형형색색의 풍경

가장 먼저 가 볼 곳은 와이카토강의 후카 폭포입니다. 거침없이

세차게 쏟아지는 후카 폭포.

쏟아져 내리는 폭포를 위에서 내려다보니 가슴속까지 시원해지는 듯하네요. 워낙 물살이 빠르고 유량이 많은 터라 자칫 빨려 들어가면 위험하다는 것을 본능적으로 알 수 있습니다. 후카 폭포를 지나는 물살이 이토록 빠른 이유는 와이카토강의 폭이 이곳에서 급격히 좁아지기 때문입니다.

와이카토강을 거슬러 오르면 타우포호를 만날 수 있습니다. 뉴질랜드에서 가장 큰 호수이지요. 둘레가 약 200km에 이르고, 수심도 200m에 육박할 정도로 깊어서 마치 바다처럼 느껴질 정도입니다. 이토록 넓은 호수가 만들어진 원인은 화산 폭발입니다. 화산 지대인 북섬에는 거대한 분화구인 칼데라가 많이 발달해 있어요. 약 2억 5천만 년 전 이 일대에서 일어난 화산 폭발로 막대한 양의 용암과 가스가 땅 밖으로 분출되었습니다. 이후 넓게 푹 꺼진 분화구 땅에 물이 고여 호수가 되었죠. 이와 같은 과정으로 만들어진 호수를 지리학에서는 칼데라호라고 말합니다. 백두산의 천지도 규모는 작지만 같은 칼데라호예요.

다음으로 가 볼 곳은 로토루아의 와이오타푸 지열 지대입니다. 와이오타푸는 온천과 간헐천으로 대표되는 전형적인 지열 지대예요. 뜨거운 마그마 때문에 땅속에 고온의 지하수가 흐르면서 생긴 온천과 간헐천은 이 지역을 대표하는 볼거리입니다. 뉴질랜드 원주민인 마오리족의 언어로 '신성한 물'이라는 뜻을 지닌 와이오타푸는 유황을 비롯한 광물질이 만드는 형형색색의 물 색깔이 매력적인 공간입니다.

로토루아에서 시간을 더 보낼 수 있다면 레드우드 삼림욕장에 가 보는 것도 좋습니다. 레드우드는 큰 범주에서 세쿼이아라는 나무 가족의 일원인데요, 우리에게도 익숙한 메타세쿼이아의 그 세쿼이아입니다. 레드우드는 몸집이 거대한 것이 특징이에요. 미국 캘리포니아에는 100m를 훌쩍 넘는 레드우드도 있다고 하니 어지간한 빌딩과도 맞먹는 수준이지요. 큰 몸집을 유지하려면 그만한 물이 필요할 텐데, 키가 큰 만큼 뿌리로부터 물을 꼭대기까지 올리는 게 힘에 부칠 때가 많습니다. 그래서 나무는 안개를 통해 물을

형형색색 빛나는 와이오타푸 지열 지대의 호수.

흡수하여 외려 뿌리 방향으로 내려보내기도 합니다. 로토루아 일
대는 안개가 잦고 일 년 내내 습도가 비교적 안정된 기후이기에 가
능한 방법이겠지요.

뉴질랜드의 토대, 넓고 푸른 목장

느긋하게 북섬의 남쪽 끝자락에 있는 수도 웰링턴으로 향합니
다. 가장 먼저 눈길을 사로잡는 건 끝없이 펼쳐진 목장입니다. 목장
풍경은 뉴질랜드의 보편적인 경관이라 할 수 있습니다.

뉴질랜드의 인구는 약 500만 명으로 우리나라 인구의 약 십분의

일 수준입니다. 하지만 가축의 수는 비교할 수 없을 정도로 많습니다. 뉴질랜드의 가축 수는 2023년 기준 약 3천만 마리로 인구의 약 6배입니다. 그야말로 축산과 낙농의 나라라고 말할 수 있습니다. 수천만 마리의 양과 소에서 얻은 고기, 젖, 털은 뉴질랜드 산업의 뿌리입니다.

뉴질랜드 농업은 기원후 약 700년에 폴리네시아인 중 일부가 뉴질랜드에 정착한 후로 시작되었습니다. 땅을 일구고 기초적인 농사를 짓던 원주민 마오리족의 삶이 크게 변화한 건 영국의 탐험가 제임스 쿡이 뉴질랜드에 도착한 이후입니다. 쿡 선장이 다녀간 이후 18세기 말부터 본격적으로 영국의 선교사가 뉴질랜드에 진입하면서 들여온 게 바로 양입니다. 지금의 웰링턴 앞바다에서 고래잡이를 하던 선원들의 식량을 감당하기 위해서였다고 해요. 이후 본격적으로 양 목축업이 발달하였고 이는 뉴질랜드 경제의 토대를 닦는 데 매우 중요한 역할을 하였습니다. 19세기 후반에 발명된 냉동선 덕분에 유럽 대륙과 무역 길이 열리며 세계적인 목축업 교역국으로 발돋움하게 되었지요.

목축업이 순조롭게 발전할 수 있었던 이유는 뉴질랜드가 북섬과 남섬 모두 일 년 내내 비교적 습도가 안정적이고 비가 잦은 기후이기 때문이기도 해요. 주변 바다에서 꾸준히 습한 바람이 불어오거든요. 비가 잦으면 목초지가 잘 자라고 가축의 물 공급에도 유리합니다. 뉴질랜드에 양을 들인 영국 역시 기후 조건이 거의 같습니다. 한편, 뉴질랜드는 농목업의 선진국답게 애그리테크agritech에서도 앞서가고 있습니다. 애그리테크는 농업과 기술을 조합한 용어로, 첨단 기술을 통한 농업의 선진화를 목적으로 합니다. 목동의 역할을 드론이 하고 목초로 공급하는 물을 대형 자동 급수 시스템으로 처리하는 등 새로운 기술을 농업에 활용하고 있지요.

수도 웰링턴을 지나 남섬으로

북섬에서 남섬으로 가는 가장 빠른 방법은 국내선 항공을 이용하는 겁니다. 하지만 캠핑카로 이동 중이라면, 북섬의 웰링턴과 남섬의 픽턴을 잇는 페리를 추천합니다. 페리를 타기 전에 웰링턴 시내를 잠깐 둘러보기로 해요.

웰링턴은 뉴질랜드의 수도입니다. 이전에 수도였던 오클랜드는 북섬의 꼭대기에 치우쳐 있기에, 균형적인 발전을 위해 1865년 북섬 최남단의 웰링턴으로 수도를 옮겼습니다. 우리나라가 국토 가운데에 있는 세종특별자치시를 행정중심복합도시로 개발한 취지와 비슷합니다.

수도인 웰링턴에는 국회의사당, 국회도서관, 국립박물관, 심포니 오케스트라 등 정치와 문화 관련 시설이 많습니다. 특히 벌집 모양으로 생긴 석조 건물인 국회의사당이 인상적입니다. 1922년 완공되었으니, 100년이 넘는 역사를 지닌 뜻깊은 공간이지요.

웰링턴에서 페리에 몸을 싣고 좁은 해협을 통과하면 심하게 요동치는 바다를 만날 수도 있습니다. 험하기로 유명한 쿡 해협을 지나야 하기 때문입니다. 쿡 해협은 가장 좁은 곳의 폭이 약 22km에 불과한데요. 좁은 해협은 강한 조류의 흐름을 만들어 강한 바람과 만나면 제법 큰 파도를 일으킵니다. 쿡 해협은 고래잡이가 한창이던 시절 인기가 높았던 공간입니다. 그만큼 고래가 이 해협을 통해 남북의 바다를 오가는 일이 잦습니다.

남섬에 다다르면 좁고 깊은 수로를 따라 깊숙한 픽턴까지 고요한 바다를 이동합니다. 우리나라 남해의 다도해처럼, 바닷물이 오르는 해수면 상승을 통해 지금의 모습을 갖춘 곳이지요.

아카로아 일대의 전경.

곶과 만이 만드는 파노라마

이번에 만나 볼 아카로아는 뱅크스 반도에 있습니다. 뱅크스 반도는 과거 화산이 분출했던 곳으로 툭 튀어나온 혹처럼 남섬에 붙어 있는 모양새입니다. 화산 활동으로 생긴 계곡은 바닷물이 오르는 과정을 거쳐 협만을 이루었는데 이 협만이 그야말로 절경입니다. 그중 가장 큰 협만의 핵심 도시가 바로 아카로아입니다. 아카로아에서 차를 타고 굽이굽이 산길을 오르면 짙은 안개를 만납니다. 습한 바닷바람이 안개가 된 것이지요.

짙은 안개를 뚫고 도착한 곳은 아카로아 헤드라는 곳입니다. 바다를 향해 활짝 열린 공간에는 해안선이 마치 칼로 벤 듯 날카롭게 드나들고 그 사이로 멋진 동굴과 아름다운 바닷물의 풍경을 감상할 수 있습니다. 돌출한 곶의 입구엔 등대가 있고, 상대적으로 파도와 바람의 힘이 약한 만에는 항구가 있네요. 오르락내리락 반복하는 곶과 만의 파노라마는 뉴질랜드 여행에서 잊지 못할 추억을 선사합니다.

눈 덮인 서던알프스산맥을 따라서

다음 목적지인 퀸스타운까지 가는 여정은 줄곧 평야네요. 여기가 바로 캔터베리 평원입니다. 캔터베리 평원은 저 멀리 흰 눈으로 덮인 서던알프스산맥을 통해 만들어졌어요. 서던알프스산맥에서 오랜 시간 동안 흘러내린 자갈, 모래, 점토 등이 와이마카리리강,

라카이아강 등을 통해 운반되면서 차곡차곡 쌓인 게 바로 캔터베리 평원입니다. 뉴질랜드에서 가장 넓고 평평한 곳이기에 목축은 물론 체리, 포도 등 농작물을 기르기도 수월합니다.

캔터베리 평원에서는 거대한 바퀴가 달린 급수 시스템을 쉽게 찾아볼 수 있습니다. 곳곳에서 분주히 돌아가는 스프링클러, 거대한 원형으로 생긴 경작지는 모두 물을 효과적으로 공급하려는 목적으로 생긴 독특한 인문 경관이에요. 뉴질랜드는 국토 전반에 걸쳐 비교적 습한 기후인데, 왜 이곳에서는 이렇게 물을 공급하기 위해 노력하고 있는 걸까요? 남다른 급수 시스템이 만들어진 것 역시 서던알프스산맥과 관련이 깊습니다.

습기를 머금은 비구름이 산지를 만나 타고 오르다가 비를 내리면, 건조한 바람이 되어 반대편으로 흐르는 원리를 푄 현상이라고 합니다. 서던알프스산맥을 만난 비구름은 비를 쏟은 후에 건조한 바람이 되어 캔터베리 평원 방향으로 내려옵니다. 북서쪽에서 불어오는 바람이 산맥을 넘은 뒤 반대 지역을 건조하게 만드는 건 세계 곳곳에서 볼 수 있는 보편적인 현상이에요. 우리나라 봄철에는 영동 지방의 비구름이 태백산맥을 만나 비를 뿌리고 건조한 바람이 되어 영서 지방의 가뭄을 유도하는 것처럼요.

캔터베리 평원을 지나 푸카키 호수에 다다르면 저 멀리 쿡 산이 보입니다. 무려 해발 3,754m로 뉴질랜드에서 가장 높지요. 쿡 산을 가장 가까이에서 바라볼 수 있는 여행 코스는 후커 밸리 트랙입니

뉴질랜드에서 가장 높은 쿡산.

다. 후커호수와 연결된 등산로를 따라 걸으면 시원하게 흐르는 물줄기와 주변 산지에서 흘러내리는 아름다운 폭포수를 감상할 수 있어요. 운이 좋다면 후커호수에서 둥둥 떠다니는 빙하를 볼 수도 요! 뉴질랜드 여행에서 캠핑카와 더불어 빼놓을 수 없는 게 트레킹 코스입니다. 서던알프스산맥을 따라 오감을 만족시키는 다양한 트레킹 코스들이 구성되어 있지요.

서던알프스산맥을 충분히 누리기 위해 와나카와 퀸스타운이라는 도시에 들러 봅니다. 와나카는 와나카호수의 남쪽 끄트머리에 있는 도시이고, 퀸스타운은 와카티푸호수의 끝자락에 있는 도시예요. 와나카에 가면 조용한 시골 마을에서 풍기는 고즈넉함을 느낄 수 있어요. 멋들어진 에메랄드 빛깔의 호숫물은 그림 같은 풍경을 선사합니다. 퀸스타운은 국제공항이 있어 도시의 규모는 더 크지만 지리와 환경이 와나카와 비슷한 인상을 줍니다. 퀸스타운은 영화 '반지의 제왕' 시리즈 촬영지인 밀퍼드 사운드로 가는 관문 도시로 유명합니다. 밀퍼드 사운드는 빙하가 침식하면서 만들어진 좁고 긴 협만인데요, 앞서 뱅크스 반도에서처럼 바닷물이 오르는 과정에서 물이 차올라 협만이 만들어졌다는 점에서는 같지만, 화산이 아닌 빙하가 만들었다는 점에서는 다릅니다.

뉴질랜드의 북섬에서 출발해 남섬으로 이동하는 일은 화산의 공간에서 빙하의 공간으로 이동하는 일입니다. 한 국가지만 지리적 속성이 완전히 다른 공간이 펼쳐지는 셈입니다. 생태계의 생물 종이든 공간이든 다양성이 높은 곳에서는 낯선 경험을 하게 될 가능성이 큽니다. 갈수록 뉴질랜드 여행자가 많아지는 이유입니다.

불의 섬과 얼음의 섬,
뉴질랜드가 두 개의 얼굴을 가진 이유

뉴질랜드의 북섬과 남섬은 신기 습곡 산지라는 공통점 외에는 지리적으로 전혀 다른 공간입니다. 북섬은 화산 지형이라 불의 섬으로 불리고, 남섬은 빙하 지형이라 얼음의 섬이라고 불립니다.

두 섬의 성격이 정반대가 된 것은 판의 경계 때문입니다. 뉴질랜드는 크게 보아 태평양판과 인도-오스트레일리아판이 만나는 경계에 위치합니다. 두 판이 만나는 경계를 따라 서던알프스산맥이 만들어졌습니다. 판의 경계는 판과 판이 서로 만나는 공간입니다. 서로 만난 판은 밀지, 다른 방향으로 갈라설지를 결정해야 해요. 서던알프스산맥은 두 판이 서로 미는 과정에서 가운데가 높이 솟아 만들어진 산지입니다. 판이 힘겨루기를 하는 주변에선 열과 압력도 크게 발생하는데요, 그 과정에서 지각의 일부가 녹아 마그마가 분출하기도 합니다. 그게 바로 화산 활동입니다. 이러한 현상이 잘 나타나는 지역이 뉴질랜드 북섬입니다.

태평양판이 인도-오스트레일리아판으로 파고들면서 엄청난 열과 압력에 의해 마그마가 활발하게 만들어지며 분출했고, 북섬 일대에 타우포호를 비롯한 다양한 화산 지형을 만들었습니다. 반면 남섬을 지나는 판의 경계는 화산 분출보다는 지진으로 서던알프스산맥과 같은 습곡 산지를 만들었습니다. 북섬을 지나는 판의 경계

뉴질랜드 지도.

가 하나의 판이 다른 판을 파고드는 경우였다면, 남섬은 두 판이 서로 반대 방향으로 미끄러지거나 서로 밀치는 모양새였거든요. 두 판이 서로 미끄러지는 경우는 마찰이 빈번해 지진으로 이어지는 경우가 많고, 서로 밀치는 경우는 땅이 휘어져 올라 습곡 산지가 만들어지는 경우가 많습니다. 서던알프스산맥의 뚜렷한 산줄기는 판이 서로 밀치는 과정에서 만들어졌고, 산맥 사이의 좁고 긴 호수는 판이 서로 미끄러지면서 남긴 날카로운 상처와 같은 곳에 물이 차 만들어졌습니다.

뉴질랜드의 독특한 별미, 연어 양식과 피오르 해안

뉴질랜드에서 만날 수 있는 익숙하고도 특별한 음식은 연어입니다. 푸카키 호의 남쪽 끄트머리에 가면 쿡 산을 바라보면서 연어 회를 맛볼 수 있는 멋진 장소가 있어요. 깨끗한 빙하가 녹은 물이 흘러드는 호수에서 연어 양식을 하기에 가능한 체험입니다.

뉴질랜드에서 전략적으로 기르는 연어는 킹 연어입니다. 뉴질랜드는 킹 연어의 세계적인 생산지예요. 연어는 특히

푸카키호에서 즐기는
컵라면과 연어 회.

바닷물의 기생충과 바이러스에 취약한데요, 뉴질랜드의 호수는 깨끗하고 수심이 깊어 연어 양식에 어울리는 수질과 수온, 수심을 모두 확보한 공간입니다. 그래서 품질이 좋은 연어를 기를 수 있지요.

뉴질랜드산 연어의 별명은 '바다의 와규'입니다. 고품질의 단백질을 지닌 연어는 세계의 일류 요리사가 손꼽아 기다리는 바다 식재료라고 합니다. 뉴질랜드의 맑은 연어 양식장은 유럽 노르웨이 일대의 연어 양식장과도 닮아 있어요. 노르웨이 역시 뉴질랜드처럼 빙하가 침식한 좁은 계곡에 물이 흘러들어 만들어진 협만이 많습니다. 뉴질랜드 남섬의 밀퍼드 사운드와 노르웨이의 송네 피오르는 지리적으로 일란성 쌍둥이와 같은 관계라고 할 수 있지요.

4부

세상을 존중하는 여행자가 되기 위해

세계는 교통과 통신의 발달로 나날이 좁아지고 있습니다. 소설가 쥘 베른이 『80일간의 세계 일주』라는 소설을 쓸 때만 해도 언감 생심 비행기를 타고 하늘을 나는 여행은 꿈꾸기 힘들었죠. 그러나 지금은 어떤가요? 하루도 채 걸리지 않아 지구 반대편에 있는 나라까지 손쉽게 도달할 수 있어요. 공항에 도착하면 일사천리로 움직이는 또 다른 교통수단으로 그 나라의 구석구석을 둘러볼 수 있습니다. 교통수단이 발달한 만큼 여행 산업도 크게 성장했습니다. 하지만 그 부작용도 많이 나타나고 있죠. 내가 지불하는 여행 비용이 여행지의 사람들에게 공정하게 배분되는지, 내 여행이 여행지의 환경에 어떤 영향을 미치는지 등을 고민하는 것은 세계 시민으로서 갖추어야 할 태도입니다. 4부에서는 여행자의 올바른 태도를 일깨우는 곳으로 함께 떠나 보겠습니다.

새롭게 태어난
봄의 도시

　　남아메리카를 이르는 '남미'는 이름을 듣는 순간 표현하기 힘든 묘한 끌림이 있습니다. 아마도 워낙 자연환경이 아름답고 문화적 자산이 독특한 곳이기에 그런 것 같습니다. 남미 도시 여행을 계획한다면 망설임 없이 콜롬비아의 메데인을 추천하고 싶습니다. 메데인 여행의 핵심은 '도시 재생'입니다. 도시 재생은 이름처럼 도시가 새롭게 태어나는 일련의 과정을 뜻하는데요, 도시 재생으로 환골탈태한 메데인의 면면은 여행자의 오감을 만족시키기에 부족함이 없습니다. 과연 메데인은 도시 여행자에게 어떤 매력이 있는 걸까요?

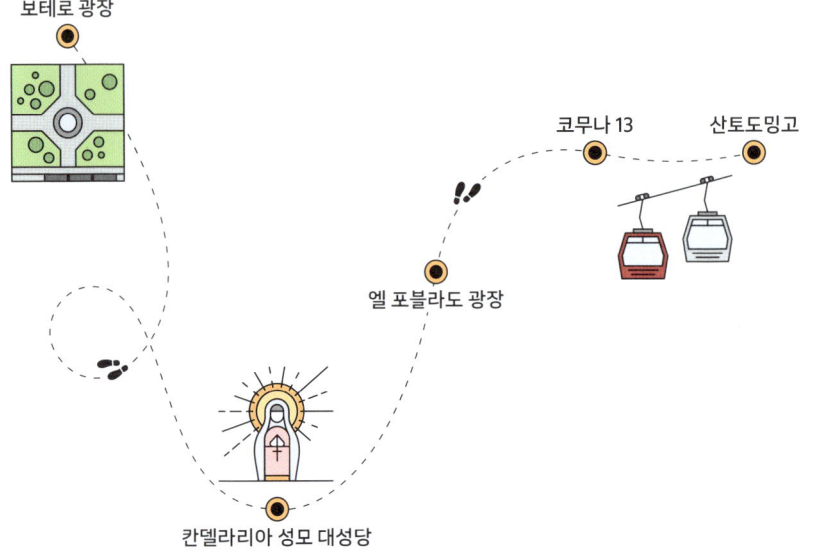

보테로 광장

코무나 13

산토도밍고

엘 포블라도 광장

칸델라리아 성모 대성당

영원한 봄의 도시

인천공항에서 출발한 비행기는 미국을 경유하여 메데인의 호세 마리아 코르도바 국제공항에 도착합니다. 공항 이름을 듣고 눈치 챘나요? 호세 마리아 코르도바는 사람 이름입니다. 코르도바 장군 은 콜롬비아 독립 전쟁의 영웅이에요. 약 300년 동안 이어진 에스 파냐 식민 지배의 마침표를 찍은 인물이거든요. 그의 초상이 화폐 에 쓰일 정도로 코르도바는 국가적 위상이 높습니다.

공항에서 메데인 시내에 진입하려면 공항 리무진 버스나 택시를 이용해야 합니다. 시원하게 뻗은 교외 도로를 따라 40분 정도 달린

차는 오리엔트 터널을 지나 이내 메데인 시내에 진입합니다. 차창 밖으로는 깔끔한 도시 경관이 반깁니다. 길거리에는 버려진 쓰레기를 찾아보기 힘들고 건물의 외벽 역시 깔끔하게 관리되어 있지요. 메데인의 첫인상은 여느 도시와 비교해도 손색없을 정도로 산뜻합니다.

인구 약 250만 명의 메데인은 콜롬비아 제2의 도시입니다. 특이한 건 메데인의 해발 고도인데요, 높이가 무려 1,500m에 달하는 땅에 도시가 있습니다. 우리나라로 치면 오대산 꼭대기에 도시가 있는 격입니다. 이 점이 메데인의 공간 특징을 낳습니다.

메데인은 적도와 거리가 꽤 가깝습니다. 적도와 가깝다는 건 일 년 내내 기온이 높고 습한 기후라는 뜻입니다. 다만 이 말은 해발 고도가 낮은 저지대에만 해당합니다. 고지대에서는 일 년 내내 우리나라의 봄철과 같은 기후 특징이 나타납니다. 이런 기후를 늘 봄과 같은 기후라는 뜻에서 '상춘 기후'라 부릅니다. 상춘 기후는 적도와 가까운 고지대의 도시에서 전형적으로 나타납니다. 그래서 고산 도시인 메데인의 별명은 '영원한 봄의 도시'입니다.

콜롬비아는 커피 애호가에게도 널리 알려진 나라입니다. 콜롬비아 커피는 고산 지대에서 재배되는데, 메데인 또한 유명한 커피 생산지입니다. 커피 애호가들은 콜롬비아산 원두의 특징을 고급스러운 산미와 균형 잡힌 풍미로 봅니다. 콜롬비아의 커피에서 한 가지 안타까운 건 자국민은 품질이 낮은 커피를 마신다는 점입니다. 질

메데인의 시내 풍경. 고가 철도 뒤로 페르난도 보테로의 작품을 본뜬 벽화가 보인다.

좋은 커피는 거의 수출하기 때문입니다. 메데인은 이러한 커피 유통 구조를 개선하기 위해 노력하고 있습니다. 현지인에게 조금 더 좋은 커피가 돌아갈 수 있도록 말이죠. 메데인 여행자라면 지역의 커피점에 들러 커피 한 잔의 여유를 즐겨 보길 바랍니다.

영원한 봄의 도시를 여행할 때 한 가지 신경 써야 할 것이 있어요. 메데인은 대체로 일교차가 10℃ 이상 나는 편이라, 낮에는 수영을 즐길 정도로 덥지만 밤에는 얇은 외투를 입어야 할 정도로 추워집니다. 그러니 메데인에 갈 때는 겉옷을 챙기는 등 옷차림에 유의하면 좋겠지요.

도시의 중심에 광장이 위치한 이유

메데인 시내에서 A라인 지하철을 타고 가장 먼저 가 볼 곳은 도시 중심에 해당하는 보테로 광장입니다. 보테로 광장은 메데인에서 가장 상징적인 공간 중 하나입니다. 메데인 교통로의 동서남북 축이 만나는 중심지이기 때문이에요. 광장을 가득 메운 조각상도 돋보입니다. 보테로 광장에는 현대 미술계의 거장 페르난도 보테로의 작품이 전시되어 있는데요, 신체를 과하다 싶을 정도로 왜곡해 표현한 청동 조각상이 단박에 시선을 잡아끕니다.

페르난도 보테로는 메데인 출신의 화가이자 조각가입니다. 그의 작품은 대부분 독특한 부풀림을 통해 사람과 사물을 묘사합니다. 무언가 어색한 느낌이다가도, 살짝 미소를 짓게 만드는 재기발랄한 표현은 그의 작품을 쉽사리 잊지 못하게 만드는 힘입니다. 그의 작품 중 가장 유명한 것은 「모나리자」입니다. 얼굴은 크지만 눈, 코, 입은 작고, 덩치가 크지만 손과 가슴이 작게 표현된 앙증맞은 모습입니다. 서양의 우아하고 아름다운 여인의 모습에서는 찾아보기 친근함이 느껴집니다. 그리스 조각에서부터 추구돼 온 황금 비율은 보테로의 손을 거쳐 산뜻한 웃음으로 승화됩니다.

메데인에서 나고 자라면서 보테로가 품은 남아메리카의 정서는 시나브로 그의 세계관에 영향을 줬을 것입니다. 그가 직접 보고 겪은 남아메리카 문화는 마치 한 편의 서사처럼 그의 작품 곳곳에 녹아 있습니다. 엉뚱한 웃음을 선사한 그의 작품은 메데인을

보테로 광장에 위치한 페르난도 보테로의 청동 조각상.

넘어 뉴욕의 파크 애비뉴나 파리의 샹젤리제 거리에서도 찾아볼
수 있습니다. 세계적인 명소에서 그의 작품을 만날 수 있다는 건,
그만큼 현대 미술에서 그의 존재감이 남다름을 알 수 있는 대목
입니다.

　보테로 광장을 한 바퀴 둘러보고 메데인에서 가장 오래된 성당
인 칸델라리아 성모 대성당으로 가 봅니다. 칸델라리아는 가톨릭
교의 성모인데요, 이 성스러운 이름은 에스파냐의 식민지였던 남
아메리카의 여러 도시에서 자주 등장합니다. 이곳의 칸델라리아
대성당도 에스파냐 식민 지배의 흔적이기도 해요.

다시 A라인 지하철을 타고 엘 포블라도 광장으로 가 봅니다. 엘 포블라도 일대는 1616년 에스파냐인이 원주민과 함께 최초의 마을을 조성한 원형 공간입니다. 가장 먼저 이곳에 지어진 건 성 요셉 교회입니다. 성 요셉은 성모 마리아의 남편이자 예수 그리스도의 아버지예요. 성경에 따르면 마리아는 처녀의 몸으로 예수를 잉태했으니 남편인 성 요셉은 엄밀히는 예수의 양아버지가 되겠지요. 보테로 광장엔 칸델라리아 성모가, 엘 포블라도에는 성 요셉이 있는 게 마치 공간의 대구를 이루는 것 같습니다.

보테로 광장과 엘 포블라도 광장은 역사적으로도 관계가 깊습니다. 1675년 에스파냐 행정부의 명령에 따라 엘 포블라도에 거주하던 유럽계 백인들이 보테로 광장 쪽으로 이주했기 때문입니다. 민족, 인종 등에 따라 중심부와 외곽으로 공간을 분리한 것입니다. 식민지의 주도 세력이던 유럽계 백인이 엘 포블라도 광장을 떠난 후 이 일대는 한동안 사람들의 관심에서 멀어졌다가, 20세기 초 신흥 부유층의 거주지로 떠오르면서 다시 성장했습니다.

사실 광장이라는 공간 자체가 유럽 식민 지배의 영향으로 생긴 경우가 많습니다. 에스파냐와 포르투갈이 식민 지배했던 남아메리카의 대부분 도시에서 광장을 만날 수 있지요.

유럽과 식민지 도시에서 광장은 도시의 출발을 알리는 곳이자 권력의 중심부입니다. 광장에는 교회, 관공서, 시장, 상점 등 도시의 핵심 시설이 밀집해 있는데요, 교회를 짓는 데 워낙 돌을 많이

쓰다 보니 건축 자재를 쌓아 뒀던 공간이 교회가 완공되면서 광장이 되는 경우가 많았다고 해요. 교회를 위한 건축 공간이 광장이 되고, 종교 권력을 중심으로 다른 시설들도 밀집하는 모양새이지요. 식민지의 도시 조형 원리는 유럽의 도시와 쌍둥이처럼 닮을 수밖에 없었을 것입니다. 식민지의 도시 계획은 철저히 지배자 중심으로 이루어진 경우가 많거든요. 약탈과 경제적 이윤을 최우선의 목적으로 두니, 자연스럽게 사람의 삶과 이야기는 배제되는 것입니다. 지배자 공간과 피지배자 공간의 차별이 필연적으로 공간의 불평등을 낳기도 했지요.

에스컬레이터에서 시작된 변화의 물결, 코무나 13

광장을 뒤로 하고 가 볼 곳은 코무나 13입니다. 여기서 코무나는 메데인의 구역을 16개로 나누는 이름이에요. 지하철 A라인을 타고 이동하다가 B라인으로 갈아타고 종착역인 산하비에르에서 내립니다. 산하비에르역에서 저 멀리 오르막으로 보이는 공간에는 어떤 이야기가 숨어 있는 걸까요? 코무나 13의 명소인 에스컬레이터 입구까지 천천히 걸어 봅니다.

코무나 13 지역은 오래전부터 농사를 짓던 산비탈입니다. 땅을 개간해 오랫동안 경작지로 활용하다가 1960년대부터 큰 변화가 시작됐습니다. 그 당시 메데인은 본격적으로 도시화를 겪는 중이었어요. 농촌의 인구가 도시로 몰려들면서 인구가 무척 빠르게 늘어서 거주 공간이 부족해졌습니다. 사람들은 울며 겨자 먹기로 높이 더 높이 올라가 판잣집을 지었습니다. 경작지가 판잣집으로 바뀌면서 공간은 빠르게 슬럼화 과정을 겪었지요.

미로와 같은 산비탈 골목의 슬럼 지역은 누구도 관심을 두지 않아 소외된 공간으로 남는 경우가 많은데요, 메데인에 이를 철저하게 악용했던 이가 있습니다. 바로 파블로 에스코바르라는 사람입니다. 마약왕이라는 별명을 가진 그는 코무나 13에서 불법 마약과 총기 밀매 등을 통해 막대한 부를 쌓으며 마치 왕처럼 군림했어요. 콜롬비아를 넘어 남아메리카 전역에서 불법적으로 활동했지요.

엄청난 위세를 떨치던 파블로 에스코바르의 범죄 활동은 공권력에 의한 사살로 마무리되었습니다. 그의 죽음은 큰 사건이었어요. 어두운 권력의 갑작스러운 공백 속에 각종 무장 단체의 게릴라가 창궐했습니다. 정부는 더 치밀하고 조직적인 계획으로 맞섰고 이는 2002년 오리온 작전으로 이어졌습니다. 오리온 작전은 코무나 13 지역에서 정부군이 무장 세력을 몰아내고 지역의 치안을 회복하기 위해 실시한 군사 작전입니다. 하지만 이 과정에서 슬럼 지역에 살던 민간인들까지 안타깝게 피해를 입기도 했습니다. 이후 행정 당국이 대대적으로 지역을 정비하면서 코무나 13은 서서히 지금과 같은 모습으로 바뀌기 시작했어요.

행정 당국은 고민했습니다. 좁고 가파른 산비탈의 슬럼을 원활

다채로운 벽화로 채워진 코무나 13의 모습.

하게 오갈 수 있는 방법은 뭘까? 그 질문에 관한 훌륭한 답변이 바로 에스컬레이터였습니다. 불규칙하고 위험한 콘크리트 계단을 무료 에스컬레이터로 바꾸고, 메데인 시내를 조망할 수 있는 전망대를 만들었지요.

2011년에 에스컬레이터가 설치되면서 코무나 13 주민들의 생활도 바뀌었습니다. 여행자를 맞기 위해 작은 상점이 들어서면서 좁은 골목에 서서히 활기가 찾아왔지요. 어두운 회색빛 콘크리트 외벽에는 형형색색 아름다운 벽화, 메데인과 코무나 13의 공간과 역사에 관한 이야기를 담은 벽화를 화려하게 수놓았습니다. 이른바 그라피티 투어라 불리는 가이드의 안내를 따르면, 골목마다 아로새겨진 다양한 공간의 이야기를 들을 수 있습니다. 이곳 가이드 중에는 과거 마약을 밀매하던 사람도 있다고 하니, 공간이 바뀌면 사람도 바뀌는가 봅니다. 이처럼 환경은 힘이 셉니다.

전망대에 오르면 경쾌한 리듬의 음악이 귀를 즐겁게 합니다. 작은 공터는 어느새 춤과 음악을 펼쳐 보이는 공연장으로 바뀝니다. 저마다의 장기를 살려 사력을 다하는 공연자에게 잘 감상했다는 의미로 팁을 주는 것도 괜찮겠네요. 볼거리, 즐길 거리가 풍부한 코무나 13이 한때 콜롬비아를 공포에 떨게 했던 최악의 범죄 위험 지역이었다니, 잘 상상되지 않습니다. 이제 이곳은 변화와 회복을 상징하는 활기찬 공간이 되었습니다. 도시가 밝고 건강하게 다시 태어났다는 뜻의 '도시 재생'이라는 용어가 무척 잘 어울리는 곳입니다.

케이블카를 타고 만나는 메데인의 야경

늦은 오후가 되면 메데인의 여행자가 즐겨 찾는 또 다른 여행지가 있습니다. 바로 산토도밍고입니다. 지하철로 아세베도역에 내리면 뜻밖의 교통수단으로 갈아타야 합니다. 바로 케이블카입니다. 우리나라에서 케이블카는 산이나 몇몇 여행지에서나 볼 수 있는 관광 수단이지만 이곳 메데인에서는 흔하고 요긴한 교통수단입니다. 코무나 13의 에스컬레이터 못지않은 신선함이 여행자의 기분을 즐겁게 만듭니다. 더 기분이 좋은 건 이용료가 매우 저렴하다는 점입니다.

아세베도역과 연결된 케이블카를 타고 약 2km를 오르면, 종점인 산토도밍고가 있습니다. 오르는 동안 케이블카에서 내려다본 세상은 정말 이색적입니다. 보통은 압도적인 자연 경관이 탄성을 자아내지만, 이곳의 케이블카에선 산꼭대기까지 빽빽한 집들을 보면서 감탄합니다. 어떻게 이렇게 높은 곳까지 집을 지을 수 있었는지, 또 이렇게 되기까지 얼마나 많은 사람의 땀과 눈물이 있었을지를 고민하게 됩니다.

메데인의 시가지는 남북으로 발달한 좁은 아부라 계곡에 있습니다. 계곡 사이로 흐르는 메데인강을 따라 주요 광장과 교통로가 놓여 있지요. 이 공간은 메데인의 노른자위로 주로 유럽계 백인과 자본가가 거주합니다. 메데인강에서 주변 산지로 멀어질수록 대체로 소득 수준이 낮은 계층이 거주하고요. 누가 시키지도 않았는데

부유한 자본가 계급과 저소득층의 거주지가 나뉘게 되는 현상을
'거주지 분리 현상'이라고 부릅니다. 이러한 현상은 식민 지배의
기간이 긴 남아메리카 대부분의 도시에서 나타나는 사회적 문제입
니다.

거주지 분리 현상을 해소하기 위한 방안 중 하나가 바로 이 케이
블카입니다. 산토도밍고 주민에게 케이블카는 단순한 교통수단 이
상의 의미입니다. 몸이 아플 때 도심의 병원까지 빠르고 안전하게
갈 수 있도록 돕고, 세계 각지에서 온 여행자가 안전하게 도시의 야
경을 감상하도록 해 도시를 발전시켜 준 존재이지요.

케이블카를 타고 전망대에 오르니 어느새 해가 뉘엿뉘엿 산허리를 타고 넘습니다. 무수히 많은 집들이 하나둘 자기만의 불을 밝힙니다. 언뜻 수많은 별이 공중에 떠 있는 듯한 착각을 불러일으킬 정도로 불빛은 아름답고 찬란합니다. 한때 총알이 난무하고 집 밖을 나가는 것조차 쉬이 허락되지 않던 메데인의 어두운 기억은 많은 여행자가 찾아와 새로운 기대와 희망을 나누며 위로될 수 있을 것입니다.

높다란 산맥에서 피어난 도시

일 년 내내 기온이 높고 습한 적도의 열대 우림 기후는 인간이 사는 데 그다지 좋은 조건은 아닙니다. 따뜻하고 물이 많다는 장점이 있지만, 도가 지나치다는 게 문제입니다. 너무 덥고 습하면 불쾌지수가 높아 쾌적한 생활이 힘듭니다. 농작물을 기르는 데도 문제가 큽니다. 작물마다 필요로 하는 기온과 강수량이 제각각이기에 덥고 습하다고 무조건 식물에 좋지는 않거든요. 자주 내리는 비는 토양 속 식물에 필요한 영양분을 빠르게 제거합니다. 벼, 옥수수, 밀과 같은 식량 작물을 재배할 수 없는 이유입니다.

하지만 앞서 다녀온 메데인처럼 적도 부근이라도 해발 고도가 높으면 사정이 달라집니다. 적도 고지대의 고산 도시는 일 년 내내 봄처럼 온화한 상춘 기후라고 했었지요? 해발 고도 2,640m에 위치한 콜롬비아의 수도 보고타도 그렇습니다. 메데인과 보고타 중에 상대적으로 더 기온이 높은 곳은 해발 고도가 1,000m 정도 낮은 메데인입니다. 지대가 오를수록 기온은 낮아지는 법이니까요.

고산 지대의 매력적인 기후 조건은 일찍이 안데스산맥을 누비던 원주민의 눈에 들었습니다. 베링해가 육지로 연결되어 있던 시기에 인류는 아메리카 대륙에 발을 들였습니다. 아시아 대륙에서 건너온 인류 중 일부는 북아메리카에 정착했고, 일부는 다른 터전을 찾아 탐험하다가 안데스까지 오게 되었어요. 살기 적합한 터전을

안데스산맥의 주요 고산 도시 분포 지도.

찾던 이들이 고지대에 터를 닦으면서 고산 도시가 만들어졌습니다. 아메리카 대륙의 문명을 일궜던 잉카, 마야, 아스테카 문명 모두 고산 도시에서 꽃핀 오랜 인류의 역사입니다.

적도 일대에서 고산 도시가 발달할 수 있었던 것은 판의 경계에서 만들어진 높다란 안데스산맥 덕입니다. 나스카판과 남아메리카판이 만나는 경계에서 한 걸음 물러난 자리에 우뚝 솟은 안데스산맥은 매우 좁고 날카로운 산지 배열을 보입니다. 쉽게 말해 나스카판이 남아메리카판을 파고드는 과정에서 땅이 휘어져 솟구치는 모습을 연상하면 좋습니다. 좁고 날카로운 산지 곳곳에는 화산 활동도 활발하여 안데스산맥에서 가장 높은 아콩카과산(6,959m)을 만들기도 했습니다. 메데인은 옥시덴탈산맥, 센트럴산맥, 오리엔탈산맥 등 좁고 날카로운 산지 사이에 만들어진 상대적으로 넓은 공간에 형성된 도시랍니다.

남아메리카 여행과 치안

남아메리카는 누구나 한 번은 가고 싶어 하는 여행지이지만, 동시에 선뜻 향하기 어려운 여행지이기도 해요. 상반된 감정을 주는 여행지는 대개 분쟁 지역인 경우가 많습니다. 이를테면 중동과 아프리카의 내전국이 그렇습니다. 오랜 시간 인류가 문명을 꽃피우고 수많은 유산을 간직한 곳이지만, 사회적 불안으로 여행이 쉽게 허락되지 않아요. 여행을 망설이게 되는 것도 비슷한 이유에서입니다.

남아메리카의 여러 나라는 21세기 들어 본격적인 경제 성장을 도모하고 있습니다. 대표적인 나라가 브라질입니다. 브라질은 올림픽과 월드컵을 개최할 정도로 경제가 발전한 모습을 보여 주었습니다. 면적이 넓고 인구가 많은 브라질은 세계 시장으로서 잠재력이 크지요.

하지만 남아메리카 대도시 곳곳의 슬럼 지역은 여전히 여행자의 안전을 위협하는 요소입니다. 브라질처럼 경제가 발전한 나라도 예외는 아니지요. 갱단이 활동하고 마약과 불법 성매매로 악명 높은 슬럼 지역 소식이 국제 뉴스에 꾸준히 등장합니다. 베네수엘라처럼 독재자가 실권을 장악한 나라도 있습니다. 이와 같은 사회적 불안은 남아메리카의 여러 나라가 극복해야 할 시급한 과제이지요.

커피 한 잔에 담긴 이야기

우리나라 사람이 일 년에 마시는 커피는 1인당 약 400잔입니다. 커피를 잘 소비하지 않는 유년층과 청소년층을 포함했는데도 이 정도 수치가 나온 거예요. 세계에서 하루에 소비되는 커피는 약 20억 잔 정도라고 합니다. 놀랍지 않나요? 바야흐로 커피의 시대라고 해도 과언이 아닙니다. 인스턴트커피에서부터 커피 전문점의 커피에 이르기까지! 어마어마한 양의 커피가 소비되고 있어요. 세계인의 입맛을 사로잡은 커피는 무역량에서 석유와 1등을 다툴 정도로 많기로도 유명합니다.

커피나무는 어디서 자라는 걸까요? 아프리카 대륙의 동부 지역을 보면, '아프리카의 뿔'이라 불리는 소말리아 반도가 보입니다.

그 바로 옆에 커피의 기원지로 알려진 에티오피아가 있어요. 커피에 관심이 많은 사람이라면 에티오피아가 커피로 유명하다는 걸 모를 수 없지요. 그래서 커피 애호가들은 심심치 않게 에티오피아 여행을 계획합니다. 마치 이슬람교를 믿는 무슬림이 사우디아라비아의 메카 방문을 꿈꾸는 것처럼요. 이번 장에서는 커피 애호가의 시선으로 마치 성지 순례를 하듯 커피의 메카 에티오피아를 만나 봅시다.

산뜻한 원두 향기가 퍼지는 거리

에티오피아에 가려면 에티오피아의 수도 아디스아바바행 비행기를 타야 합니다. 아디스아바바에 있는 볼레 국제공항은 아프리카 대륙에서 세 손가락에 드는 허브 공항으로 위상이 높습니다. 아프리카 대륙의 허리춤에 있는 에티오피아는 아프리카 대륙을 위아래로 연결하는 중요한 자리에 위치하지요.

아디스아바바에 도착해 시내로 들어가 유명한 볼레 거리를 산책해 봅시다. 볼레 거리를 거닐면 격식을 갖춘 커피점부터 노점 커피상까지 두루 만날 수 있지요. 둘 중 어느 곳을 택해도 커피 본고장에 걸맞게 커피 맛이 아주 좋습니다. 노점 커피상을 찾아가 커피를 주문하자 전통 의상을 입은 커피상이 커피를 내리며 작은 목소리로 기도를 드리네요. 커피를 내리는데 왜 기도를 하는 걸까요?

에티오피아에는 독특한 커피 의식이 있습니다. 바로 분나 마프

에티오피아에서는 커피를 즐기는 특별한 의식, 분나 마프라트를 경험할 수 있다.

라트bunna maffrate입니다. '분나'는 에티오피아어로 커피를 뜻하고, '마프라트'는 요리를 뜻해요. 분나 마프라트는 귀한 손님을 환영하는 에티오피아의 독특한 커피 접대 문화입니다. 손님이 오기 전에 미리 원두를 볶아 향을 맡아 볼 수 있게 하며, 기도를 드리고 보통 세 잔 이상의 커피를 마시지요. 에티오피아를 여행한다면 반드시 분나 마프라트를 경험해 보기를 권합니다. 분나 마프라트는 에티오피아 커피 문화의 핵심이기 때문이에요.

　오늘날 세계 시장에서 큰 비중을 차지하는 커피 품종은 크게 두 종류입니다. 하나는 아라비카종, 다른 하나는 로부스타종인데요, 아라비카종은 전 세계 커피 생산량의 약 70%, 로부스타종은 약 30% 정도를 차지합니다. 커피의 본고장으로 알려진 에티오피아는 아라비카종의 기원지로 알려져 있습니다. 로부스타종의 고향은 에티오피아에서 그리 멀지 않은 콩고민주공화국입니다. 세계에서 가장 사랑받는 두 커피 품종의 뿌리가 모두 아프리카 대륙에 있지요.

　그런데 같은 대륙에서 나오는데도 아라비카종 커피와 로부스타종 커피의 맛은 왜 다를까요? 같은 아프리카 대륙이라 하더라도 두 국가의 지리적 조건은 해발 고도에서 뚜렷한 차이가 있습니다. 에티오피아 국토 면적의 상당 부분을 차지하는 에티오피아고원은 아프리카에서 가장 넓은 고원 지역입니다. 해발 고도가 높기에 다른 지역보다 평균 기온이 상대적으로 낮죠.

　반면 콩고민주공화국은 에티오피아보다 전체적으로 국토의 해발 고도가 낮습니다. 게다가 적도가 국토 한가운데를 지나는 열대 우림 기후입니다. 에티오피아도 콩고민주공화국과 마찬가지로 적도와의 거리가 멀지 않은 곳에 있지만, 해발 고도의 차이로 연평균 기온이 다릅니다. 가령 콩고민주공화국의 수도 키상가니의 연평균 기온이 약 25℃인데 비해, 해발 약 2,500m에 있는 에티오피아의 아디스아바바는 16℃ 내외로 뚜렷한 차이를 보이죠. 이러한 지리적 조건의 차이 때문에 두 나라의 커피나무가 서로 다른 품종으로 진화했을 것으로 짐작할 수 있습니다.

커피를 처음 발견한 사람은 누굴까?

커피의 시작을 찾아 아디스아바바에서 차를 타고 약 8시간 이동해 오로미아주에 있는 카파로 향합니다.

카파Kaffa는 커피coffee라는 이름이 유래한 지역입니다. 카파로 가는 여정은 비포장도로가 많아 고되지만, 진정한 커피 애호가라면 그마저도 추억이 되겠지요. 커피를 처음 발견한 사람이 누군지에 관해서는 다양한 이야기가 있지만, 가장 널리 알려진 건 목동 칼디의 에피소드입니다.

목동 칼디는 6세기경 지금의 에티오피아고원 카파 지역에 살았습니다. 어느 날 칼디는 덤불에 가려진 나무의 열매를 따 먹는 염소를 목격합니다. 열매를 채취한 늙은 염소는 젊은 염소를 제압할 정도로 활동적으로 변했어요. 이를 신기하게 여긴 칼디는 그 열매를 먹어 보았죠. 그랬더니 정신이 또렷해지고 기분이 살짝 들뜨는 묘한 상태가 되었습니다. 칼디는 자기의 이색적인 경험을 인근 교회의 수도사에게 알렸지요. 수도사는 커피가 악마의 열매일지도 모른다는 두려움 때문에 이를 불에 던졌습니다. 그런데 열기와 만난 열매가 특이하고 향긋한 냄새를 풍겼지요. 수도사는 열매로 음료를 만들어 보았고 커피가 잠을 쫓는 효과가 있다는 걸 알게 됩니다.

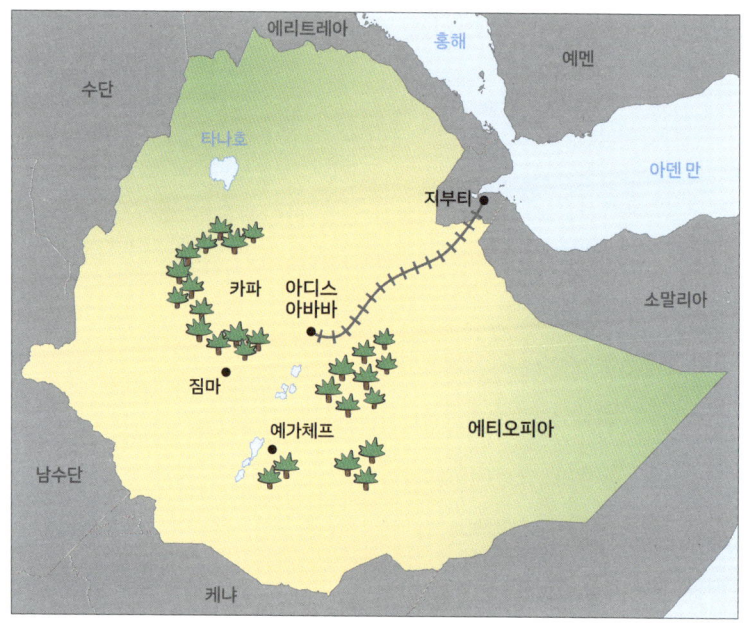

에티오피아의 주요 커피 재배지를 나타낸 지도.

정신을 맑게 하는 커피는 늦은 밤까지 기도해야 하는 수도사가 즐겨 찾는 음료가 되었다고 합니다.

　이후 카파의 커피는 좁은 홍해를 건너면 바로 만나는 예멘으로 전해졌습니다. 지금처럼 볶은 원두를 갈아 끓이는 방식은 예멘에서 처음 등장했다고 해요. 오늘날 커피 기원설을 이야기할 때 예멘이 빠지지 않고 거론되는 이유지요. 카파 지역은 14세기에서 19세기까지 번성했던 카파 왕조가 다스리던 공간이기도 한데요, 카파 왕조의 유적지에서 커피 전용 컵이 발굴되는 일도 있었답니다. 정말 커피의 고장답지요?

카파 지역은 에티오피아 고원 중에서도 해발 고도가 높은 지역에 속합니다. 이곳에서 자생하던 커피나무는 오늘날 상업적으로 가꾸는 커피나무와는 결이 다른 품종이었어요. 커피나무는 환경 조건에 맞추어 오랜 시간 동안 다양한 종 분화를 이어 왔습니다.

에티오피아에서 나는 아라비카 원두로 내린 커피는 신맛이 강하고 카페인 함량이 낮습니다. 아라비카종은 원두를 곱게 갈아 높은 온도와 압력으로 추출하는 에스프레소나 갈은 원두를 뜨거운 물로 우리는 브루잉 커피에 주로 쓰여요. 한편 로부스타종은 커피믹스 등의 인스턴트커피에 널리 쓰입니다. 상대적으로 신맛이 덜하고 카페인 함량이 높은 로부스타종이 강렬한 맛과 향을 내야 하는 인스턴트커피에 어울리기 때문이죠.

환경에 민감한 아라비카종은 적도 일대의 고산 지역이 선사하는 온화한 기온과 안정적인 강수 조건에서 자라 왔습니다. 기온이 들쭉날쭉하거나 비가 적게 오는 등의 스트레스가 없는 환경이지요. 기온과 강수량이 안정적인 에티오피아고원은 커피나무의 훌륭한 생육 공간입니다.

바위 속에 교회가 있다고?

에티오피아에서 만날 수 있는 신기하고 역사적인 장소가 있습니다. 아디스아바바에서 비행기를 타고 약 50분을 가면 해발 2,400m

바위를 깎아서 만든 랄리벨라의 암굴 교회.

의 고지대에 있는 랄리벨라 마을에 도착하는데요, 이곳은 바위를 깎아 지은 암굴 교회들이 유명합니다. 마치 나무를 원하는 모양으로 깎아서 판화를 만들듯 바위를 깎아서 건물을 만든 것입니다. 총 11곳인 암굴 교회는 주변 환경과 어우러지면서도 무척이나 독특한 예술성과 희귀성을 띠고 있어 유네스코 세계유산으로 인정받았어요.

랄리벨라의 암굴 교회는 크리스트교 역사에서도 의미가 있습니다. 12세기 이슬람 세력이 크리스트교의 최대 성지인 예루살렘을 정복하여 성지 순례의 길이 막히자, 새로운 예루살렘을 건설하자는 뜻으로 조성한 곳이거든요. 자연 상태의 암반을 깎아 내는 일은 오랜 시간과 고된 노력이 뒷받침되었겠지요. 에티오피아가 북아프리카 일대에서도 크리스트교의 영향을 무척 깊이 받아들인 나라이기에 가능했던 일입니다. 에티오피아에서는 4세기경 악숨 왕조에서부터 일찍이 크리스트교를 국교로 지정해, 현재 인구의 약 70%가 크리스트교를 믿는다고 해요.

대중적인 브랜드 커피보다 골목의 노점상 커피를 마시는 이유?

에티오피아는 커피 종주국답게 인구의 약 25%가 커피 관련 일을 통해 먹고 삽니다. 사정이 이렇다 보니, 커피 산업의 상황이 곧 에티오피아의 흥망성쇠로 이어질 정도입니다.

커피 거리를 거닐면서는 에티오피아판 스타벅스라 불리는 칼디스 커피를 자주 만나게 되는데요. 칼디스 커피는 에티오피아의 유일한 브랜드 커피입니다. 이름에서 무언가 익숙함을 느끼지는 않았나요? 맞아요. 앞서 이야기했던, 커피를 처음 발견했다고 알려진 목동의 이름이 칼디였지요. 최초 발견자의 이름을 따서 커피 브랜드를 만든 거예요. 커피 종주국이라는 자부심이 있고, 칼디스 커피가 선전하기 때문인지 에티오피아에는 스타벅스가 없습니다.

지역 여행을 좋아하는 사람이라면 칼디스 커피보다는 작은 골목 사이의 노점에서 분나 마프라트를 즐겨 보기를 권합니다. 큰 자본으로 운영하는 커피점보다는 골목의 커피상을 찾아가 눈인사를 하며 번역기를 활용해 대화를 나눠 보는 것은 소중한 경험이 될 거예요.

'공정 여행'이라는 말이 있습니다. 여행지의 환경과 문화를 존중하고, 여행하며 지불하는 비용이 여행지에 오롯이 돌아갈 수 있도록 하는 여행을 뜻해요. 예를 들면 여행지의 환경을 훼손하는 체험 프로그램은 지양한다거나, 되도록 현지인이 운영하는 가게를 이용하는 태도이지요. 에티오피아의 아디스아바바에서도 공정 여행의 취지를 생각해 가급적 다국적 기업이 운영하는 으리으리한 호텔보다는 현지인이 운영하는 숙박업소를 찾아보기를 추천합니다.

한편 이르가체페도 에티오피아 커피 여행자라면 놓치지 말아야 할 여행지입니다. 예가체프라는 이름으로도 불리지요. 이르가체페는 세계적으로 널리 알려진 에티오피아의 커피 마을이에요. 이르가체페에서 생산하는 커피 원두는 커피의 여왕이라는 별명이 있을 정도로 맛과 향이 뛰어납니다. 이르가체페와 더불어 커피 애호가라면 한 번은 들어봤을 코케, 아리차, 콩가 등의 원두 이름도 에티오피아에서 커피를 재배하는 다양한 마을의 이름에서 나온 것입니다. 이들 지역은 모두 에티오피아고원 지대에 있다는 지리적 공통점이 있습니다.

이르가체페 커피 농장에 가면 농장에서 직접 내린 커피 맛을 보고, 그들이 커피 농사를 짓는 방법을 하나하나 살펴보고 느껴 보길 바랍니다. 커피 재배지에 환경적 부담을 주지 않는 선에서 농장에서 일하는 사람의 이야기에 귀를 기울이면, 평화로워만 보이는 커피 생산의 이면을 만날 수도 있습니다.

에티오피아 커피 여행에서 기억해야 할 이야기

구글 검색창에 이르가체페 커피를 입력하면 수십 가지의 공정 무역 커피 상품이 줄을 잇습니다. 공정 무역이란 생산자의 땀과 노력이 정당한 대가를 받을 수 있는 투명한 거래 방식을 뜻합니다. 이르가체페는 교과서적인 공정 무역을 일군 마을로도 유명하죠.

이르가체페처럼 훌륭한 커피 원두를 생산하는 지역은 비단 에티오피아뿐만 아니라 전 세계 사람들이 관심을 둡니다. 이르가체페의 환경이 파괴되는 일, 숲을 밀어내고 커피가 아닌 다른 작물을 재배하는 일, 커피 농가가 제값을 받지 못하고 파산하는 일은 커피 애호가로선 받아들이기 힘들지요. 지금처럼 훌륭한 커피 원두를 지속 가능하게 재배하려면 화학 비료를 써서 재배하는 대신 유기농법을 구축하는 등의 노력이 뒷받침되어야 합니다. 에티오피아 정부는 이와 같은 공정 무역의 시스템을 세계 주요 커피 생산지에 널리 전파해 커피 종주국으로서의 면모를 지키고자 노력하고 있지요.

에티오피아의 커피 공정 무역을 이야기하자니 유럽연합이 2023년에 채택한 산림 벌채 규정이 떠오릅니다. 산림 벌채 규정은 코코아, 커피, 팜유, 대두, 목재, 고무 등을 비롯한 농산품을 유럽연합에서 판매하려면 생산 과정에서 산림을 황폐화하지 않아야 하는 규정이에요. 기후 위기에 대응해 환경을 보존하려는 좋은 취지에서 만들어진 제도이지만, 소규모 커피 농가가 많은 에티오피아로서는 부담이 된다는 의견도 있습니다. 유럽연합의 조건을 따르기 위해서는 커피 열매를 재배하는 농장을 모두 디지털 지도에 표시해야 하고, 생산지의 숲이 벌채되는지를 꾸준히 관리해야 하거든요. 인프라가 부족한 에티오피아로선 쉽지 않은 일이지요.

에티오피아의 소규모 커피 농가들은 전통적인 방식으로 커피를 재배하며 화학 비료를 쓰지 않고 지속 가능한 생산을 하기 위해 노력하고 있습니다. 대규모 재배지의 상업적 농법을 획일적으로 들이는 순간, 이르가체페 원두의 가치는 빛바랠 수 있어요. 진정한 커피 애호가라면 생산지에 작은 힘이라도 보탤 수 있는 방법이 무엇일지 생각해 봅시다.

화산이 키워 낸 커피?

에티오피아 커피의 독특한 맛과 향기에 큰 역할을 한 지리적 조건 중 하나는 화산 토양입니다. 에티오피아의 국토는 아프리카 판이 둘로 갈라지는 동아프리카 지구대에 있습니다. 거대한 땅이 서로 멀어지면서 갈라지다 보니, 갈라진 틈 사이로 땅속의 마그마가 올라와 화산 활동이 잦고 지각이 불안정했지요. 마그마가 지표를 뚫고 나와 굳고, 오랜 시간 비바람에 닳아 흙이 되어 화산 토양이 되었습니다. 화산 토양은 땅속에 잠들어 있던 다양한 광물질과 함께 나온 산물이라 식물이 자라는 데 좋은 환경 조건이 됩니다. 높고 평탄한 에티오피아고원은 바로 이런 공간의 조건 속에서 만들어졌습니다.

에티오피아에서 생산된 커피는 크게 두 가지의 방법을 통해 세계로 나갑니다. 하나는 비행기, 다른 하나는 배입니다. 비행기로 나가는 커피는 높은 가격을 내더라도 빨리 원두를 받고자 하는 곳으로 향하는 경우가 많습니다. 그 밖의 대부분 경우는 배를 통해 이동합니다. 아디스아바바의 대형 물류 창고에 모인 커피 원두는 경매를 거쳐 대부분 이웃 나라 지부티로 이동합니다. 에티오피아는 바다로 연결되는 항구가 없는 내륙국이기 때문이에요. 지부티의 항구는 아덴만과 연결되는데요, 아덴만은 위로는 좁은 홍해를 지나 수에즈 운하를 거쳐 유럽으로 갈 수 있고, 아래로는 인도양을 거쳐

아시아로 나아갈 수 있습니다. 세계 무역의 약 12%, 세계 컨테이너 물량의 약 30%가 홍해를 지나니, 에티오피아의 원두는 수출하기에 좋은 환경에 있는 셈입니다.

2024년 에티오피아의 원두 수출은 큰 타격을 받았습니다. 홍해 너머의 예멘이 내전에 휩싸이면서, 전쟁이 홍해와 아덴만으로 확장하는 양상을 보였기 때문입니다. 홍해와 아덴만 외에는 마땅한 수출 활로가 없는 에티오피아는 불안정한 지정학적 위험을 지켜볼 수밖에 없습니다. 우리가 마시는 커피 한 잔이 기후 변화라는 자연환경적 변수와 전쟁이라는 지정학적 변수에 달려 있는 거지요.

커피를 못 마시게 될 수도 있다고?

커피는 기후 변화에 상당히 민감합니다. 사실 모든 식물은 기온과 강수 조건에 민감한데요, 커피는 그중에서도 민감도가 꽤 높은 작물입니다. 커피가 가장 좋아하는 기온과 강수 조건은 평균 15~25℃의 기온, 1,500~2,000mm의 연 강수량입니다. 너무 덥거나 추우면 커피나무의 면역력은 급격히 떨어지고, 해충을 견디지 못하거나 병에 쉽게 걸립니다. 비의 양도 너무 적거나 많으면 뿌리가 금방 썩고, 습도 조절에 실패하면 역시나 면역력이 떨어집니다. '커피 녹병'이라는 커피 전염병도 있는데요, 커피 녹병이 창궐하면 일대의 커피나무는 그야말로 쑥대밭이 됩니다. 어떤 때는 회복이 불가능할 정도로 심한 피해를 입기도 하지요.

다국적 커피 기업은 기후 변화에 잘 적응할 수 있는 품종 개량에 박차를 가하고 있습니다. 하지만 이는 일시적으로 커피 수확량을 유지하기 위한 미봉책에 불과합니다. 근본적으로 커피를 재배할 수 있는 공간의 면적이 좁아지면 결국 커피 수확량은 급격히 줄어들 수 있기 때문입니다. 커피가 처음 발견되었을 당시의 수요라면 기후 변화를 염려할 필요가 없지만, 세계에서 음료 소비량 1위를 굳건히 지키고 있는 커피 수요가 줄어들 리 만무하지요. 그러니 인류가 맞닥뜨린 기후 변화라는 근본적인 과제에 주목해야 합니다. 에티오피아 여행자는 이 점을 기억하면서 고지대의 커피 농가와 기후 변화의 관계를 생각해 보면 좋겠습니다.

기억하는 법을
배우는 여행

세계에서 가장 많이 팔린 책은 성경이라고 합니다. 이슬람교 신자라면 반드시 읽는 쿠란도 마찬가지로 판매량이 많습니다. 종교를 벗어나면 생텍쥐페리의 『어린 왕자』와 톨킨의 '반지의 제왕' 시리즈, 롤링의 '해리포터' 시리즈가 순위권에 있습니다. 앞서 언급한 책들에 비하면 판매량이 비교적 적지만 출간 이후 반 세기가 넘는 동안 꾸준히 읽히는 '일기'도 있습니다. 개인의 일상과 생각을 써 내려간 일기장이 어떻게 오랜 시간 동안 세계 독자의 마음을 사로잡을 수 있었을까요? 그건 그 어떤 사람도, 그 어떤 책도 흉내 낼 수 없는 글이기 때문입니다. 그 책은 유대인 소녀 안네 프랑크가 쓴 『안네의 일기』입니다.

안네가 일기를 쓴 건 제2차 세계대전이 한창이던 때입니다. 안네의 가족은 히틀러를 필두로 한 나치 독일이 자행한 유대인 학살을 피해 독일에서 네덜란드로 이주해 2년 정도 숨어 지냈지요. 하지만 그곳까지 점령한 나치 독일은 결국 안네의 가족을 찾아냅니다.

『안네의 일기』는 숨어 지내던 안네의 가족이 죽음의 수용소로 악명 높은 아우슈비츠 비르케나우로 끌려가면서 끝이 납니다. 수용소에 간 안네는 결국 돌아오지 못했습니다. 가족 중 유일하게 생존한 아버지는 숨어 지내던 집에서 딸의 일기장을 발견합니다. 아버지는 『안네의 일기』가 비극적인 전쟁이 끝나면 책으로 내려고 여러 번 다듬고 고쳐 쓴 작품임을 알았습니다. 그래서 책으로 펴낼 용기를 내게 되었지요.

『안네의 일기』는 나치 독일의 유대인 탄압에 대한 공포심, 수용소로 끌려가는 이들에 대한 안타까움, 세상 밖으로 나갈 수 없는 냉혹한 현실을 생생하게 보여 주는 소중한 기록물입니다. 유네스코는 그 가치를 인정하여 세계기록유산으로 지정했지요.

수많은 유대인이 스러져 간 아우슈비츠 수용소는 한 번쯤 방문해 보고 싶은 여행지이지만, 동시에 가고 싶지 않은 마음도 드는 역설적인 곳입니다. 하지만 폴란드 여행자라면 용기를 내어 아우슈비츠 수용소에 가 보는 걸 추천합니다.

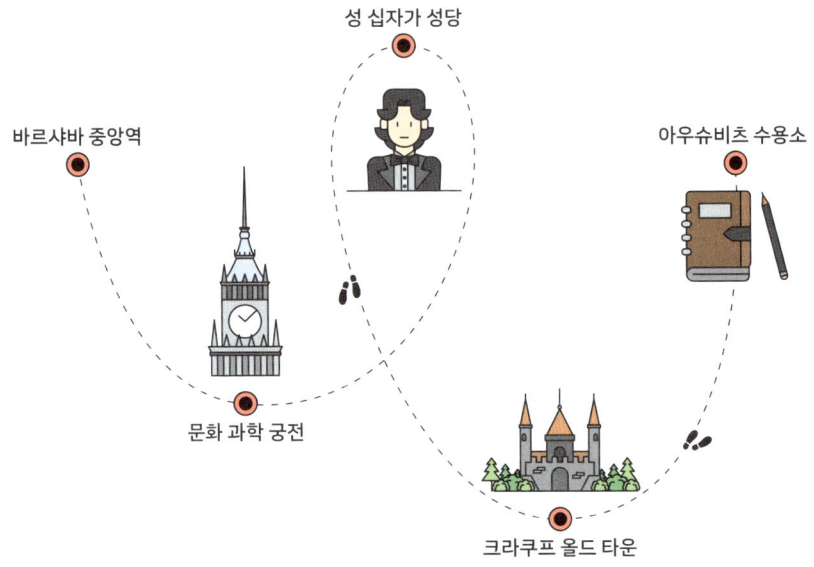

바르샤바 중앙역

성 십자가 성당

아우슈비츠 수용소

문화 과학 궁전

크라쿠프 올드 타운

폴란드의 관문에서 들려오는 쇼팽의 선율

11시간에 육박하는 비행시간은 부담스럽지만, 그래도 직항 노선이 있어서 다행이에요. 폴란드의 관문인 바르샤바쇼팽공항으로 향하기로 해요. 바르샤바는 폴란드의 수도입니다. 구소련과 동유럽 여러 나라의 군사 동맹이었던 '바르샤바 조약 기구'의 그 바르샤바입니다. 쇼팽이란 이름도 익숙할 거예요. 폴란드가 배출한 세계적인 작곡가이자 피아니스트이지요. 이 공항은 1934년 문을 열었습니다. 1934년은 제1차 세계대전과 제2차 세계대전 사이의 시기입니다. 전쟁에서 공군 비행장으로 사용하기 위해 만들어진 곳이지요. 쇼팽공항이라는 우아한 이름을 갖게 된 건 2001년입니다.

폴란드인들은 프레데리크 쇼팽을 정말 사랑하고 존경합니다. 우리나라의 클래식 음악 애호가에게 쇼팽은 피아니스트 조성진으로 통합니다. 조성진은 2015년 젊은 나이에 쇼팽 국제 피아노 콩쿠르에서 우승을 거머쥐었습니다. 한국인 최초 우승자였지요. 그가 신들린 연주로 세계를 놀라게 했던 장소가 바르샤바입니다. 바르샤바에서는 1927년 이래, 5년마다 세계에서 내로라 하는 피아니스트들이 모여 오직 쇼팽의 곡으로만 경연을 펼칩니다. 바르샤바에 왔으니 일단 쇼팽의 흔적을 따라가 봅니다.

공항에서 바르샤바 시내까지는 공항철도로 연결되어 있어 30분이 채 걸리지 않습니다. 바르샤바 중앙역에 도착해, 복잡한 구조의 역내를 빠져나와 간신히 지상으로 올라옵니다.

가장 먼저 눈길이 가는 것은 높은 건물입니다. 바르샤바의 랜드마크인 문화 과학 궁전이에요. 이 건물의 높이는 첨탑을 포함해 237m입니다. 문화 과학 궁전을 보고 있으면 어쩐지 러시아에서 보았던 건물들과 비슷하다는 느낌도 듭니다. 모스크바에 있는 많은 건물처럼 스탈린 건축 양식으로 지어진 건물이기 때문인데요, 구소련의 스탈린이 집권하던 1955년에 지어졌다고 해요.

문화 과학 궁전은 소련이 폴란드에 주는 선물이었습니다. 말이 선물이지 바르샤바가 나치 독일의 공격으로 파괴된 후 새롭게 재건하는 과정에서 소련의 영향력을 과시하려는 목적이 더 컸다고

중앙의 가장 높은 건물이 바르샤바 문화 과학 궁전이다.

봐야지요. 소련은 폴란드 동부 지역을 무력으로 빼앗은 역사가 있기에 일부 폴란드 시민은 이 건물을 여전히 비판적으로 바라보기도 합니다.

바르샤바 중앙역은 폴란드 국내의 주요 도시는 물론 다른 유럽여러 나라로도 뻗어 나갈 수 있는 중심지입니다. 그래서 역 주변도 발달되어 있는데, 대형 쇼핑몰 즈워테 타라시와 전시장, 회의장 등이 위치해 있지요. 이곳에서 숨을 고르고 가장 먼저 쇼팽이 잠든 '성 십자가 성당'으로 향합니다.

쇼팽의 심장이 잠든 도시

바르샤바는 폴란드로 돌아오지 못한 쇼팽의 심장이 잠든 도시입니다. 비유적 표현이 아니에요. 정확히 말하자면 쇼팽의 유해는 프랑스 파리의 페리 라셰즈 묘지에 있고, 오직 심장만이 바르샤바에 있습니다. 어떤 사연일까요?

쇼팽은 오랜 망명 생활을 했습니다. 쇼팽이 살던 시기가 폴란드의 혼란기와 겹치기 때문입니다. 쇼팽이 태어난 1810년에 이곳은 폴란드가 아니라 나폴레옹에 의해 수립된 바르샤바 공국이었어요. 폴란드는 16세기만 하더라도 동유럽 일대에서 맹위를 떨치던 대국이었지만, 17세기에 접어들어 국력이 쇠락하면서 옛 영화를 서서히 잃어 갔습니다. 급기야 여러 나라의 간섭과 통치를 받으며 국가존립의 위기를 맞았지요.

쇼팽은 바르샤바 일대에서 자신의 음악적 재능을 활짝 열고 스무 살에 오스트리아로 떠납니다. 오스트리아의 수도 빈은 클래식 음악의 고향으로 평가받는 도시입니다. 빈에서 본격적으로 작곡 공부를 하며 쇼팽은 자신만의 음악 세계를 구축해 나갑니다.

그 무렵 폴란드에서는 독립운동이 봉기합니다. 그 당시 폴란드는 오스트리아, 프로이센, 러시아의 분할 통치를 받고 있었어요. 바르샤바를 통치하던 러시아는 독립군을 무자비한 폭력으로 진압했고, 독립운동에 참여하기 위해 고국으로 돌아가려던 쇼팽은 절망했습니다. 폴란드 국민에게 영향력이 큰 쇼팽이 바르샤바로 돌아오는 것을 우려한 러시아가 복귀의 길을 원천적으로 차단했기 때문입니다. 쇼팽은 주어진 조건에서 독립운동의 자금을 지원하고, 자선 음악회를 여는 방식으로 독립운동을 이어 갔습니다.

쇼팽의 마지막 소원은 고국에 묻히는 것이었습니다. 하지만 당시의 정치 상황이 이를 허락하지 않았지요. 쇼팽은 마음을 상징하는 심장만이라도 고국에 돌아갈 수 있게 해 달라고 누나에게 유언을 남겼습니다. 누나는 동생의 심장을 고국으로 가져갔고, 제2차 세계대전이 끝나자 성 십자가 성당에 동생의 심장을 묻음으로써 약속을 지킵니다. 이곳에 가면 여러 기둥 중 하나에 쇼팽의 흉상이 있습니다. 바로 이 기둥 안에 쇼팽의 심장이 잠들어 있습니다. 그의 심장만이 이곳에 남은 사연은 폴란드 여행자의 여정에 여러모로 많은 생각거리를 남깁니다. 쇼팽이 고국을 떠올리며 작곡한 에튀드를 통해 폴란드 독립운동의 격동적인 서사를 어렴풋이 떠올려 보게 됩니다.

크라쿠프 올드타운에서 경험하는 시간 여행

다시 바르샤바 중앙역에서 크라쿠프행 기차를 탑니다. 아우슈비츠 수용소에 가려면 크라쿠프를 거쳐서 가는 게 여러모로 수월합니다. 기차가 약 2시간 30분을 달리는 동안 크라쿠프에 관한 몇 가지 여행 정보를 알아봅시다.

크라쿠프는 한때 폴란드의 수도였어요. 크라쿠프는 폴란드의 전

크라쿠프의 중앙 광장, 리넥 구브니의 모습.

통문화를 이야기할 때 결코 빼놓을 수 없는 뿌리 공간입니다. 특히 유럽에서 가장 아름다운 도시 공간 중 하나로 평가받는 올드타운 일대가 유명합니다. 유네스코가 1978년에 문화유산으로 지정하며 올드타운은 여행자에게 더욱 매력적인 명소가 되었습니다.

크라쿠프 중앙역에서 걸어서 10분이면 올드타운입니다. 녹음이 짙은 숲을 통과하면 중세 유럽의 옛 공간을 그대로 만날 수 있습니다. 올드타운에서도 중심 공간을 차지하는 리넥 구브니 광장은 유럽에 남아 있는 광장 중에서 가장 크고 오래된 축에 속합니다. 인근 성모 마리아 대성당에서 시간에 맞춰 울려 퍼지는 트럼펫 소리는 옛 초병의 나팔 소리를 재현하며 시간 여행을 돕습니다.

고즈넉한 광장을 둘러보다가 문득 올드타운을 둘러싼 녹지에 눈길이 갑니다. 마치 광장을 호위하듯 일정한 간격으로 푸르른 공간이 빙 둘러싼 모양새입니다. 지도를 펼쳐 보면서 무릎을 치고 맙니다. 이 숲은 자연과 사람이 상호 작용한 결과라고 할 수 있어요.

올드타운을 둘러싼 숲은 마치 말발굽처럼 생겼습니다. 올드타운을 굽어보는 강변에는 바벨성이 있어요. 바벨성은 바르샤바로 수도가 바뀌기 전까지 왕이 살던 궁전인데요. 유럽 왕성의 대부분은 외적의 침입으로부터 안전한 공간을 마련하는 것이 중요했습니다. 말발굽처럼 생긴 이 숲은 사실 과거에 바벨성을 지키기 위해 주위에 만든 물길, 바로 해자였어요. 도쿄 에도성에도 해자가 있었지요? 에도성 일대처럼 이곳 올드타운도 쉽게 땅을 파고 물을 들일 수 있는 퇴적 지층이기에 비스와강에서 물을 끌어와 해자를 만들 수 있었어요. 이후 왕궁으로의 기능이 다하자 다시 물을 빼고 나무를 심어 숲으로 둔 게 오늘날과 같은 독특한 모습으로 남은 것입니다. 마치 말발굽처럼 말입니다!

아우슈비츠 수용소에서 마주한 역사
- -

크라쿠프 중앙역에서 버스에 올라 1시간 30분 정도를 달리면 오비시엥침 수용소입니다. 오비시엥침을 독일어로 표현하면 아우슈비츠예요. 유대인 학살, '인종 청소'로 악명 높은 나치 독일의 홀로

강변과 녹지로 둘러싸인 올드타운의 바벨성.

아우슈비츠 수용소 입구의 검문소. 홀로코스트 당시, 유대인을 싣고 온 기차가 여기서 멈추었다.

코스트가 이루어진 곳입니다.

아우슈비츠 수용소 정문에는 독일어로 '노동이 너희를 자유롭게 하리라'라는 문구가 있습니다. 이는 노동의 중요성을 알리는 좋은 문구처럼 보입니다. 하지만 유럽 각지에서 끌려온 유대인의 생사가 어떻게 정해졌는지를 알면 정말 소름 돋는 문구예요. 화물칸에 빼곡하게 실려 아우슈비츠 수용소에 도착한 유대인들은 일렬로 서서 수용소 입장을 기다립니다. 그러면 나치 친위대 소속 군의관이 그 옆에 서서 한 줄로 천천히 걸어가는 유대인을 유심히 관찰합니다. 당장 강제 노동에 투입할 수 있는 건강 상태라고 판단한 사람

아우슈비츠 수용소 정문. '노동이 너희를 자유롭게 하리라'라는 뜻의 문구가 쓰여 있다.

은 수용소로, 그렇지 않은 사람은 가스실로 이동합니다.

영문도 모른 채 가스실로 선별된 사람들은 전염병을 예방하기 위해 옷을 벗어야 한다는 나치 부역자의 말을 믿습니다. 혹여 의심의 눈초리로 바라보는 이에겐 수건과 비누를 나눠 주면서 이곳이 샤워실임을 강조합니다. 가스실 곳곳에 설치된 샤워 시설은 정말 이곳이 대규모 샤워장이라고 착각하도록 합니다. 많게는 1,200명 정도가 한 번에 들어갈 수 있는 너른 공간이 폐쇄되면 지붕에 뚫린 구멍으로 통조림처럼 생긴 캔이 몇 개 떨어집니다. 치클론B라 불리는 가스캔은 사이안화 수소라는 유독 가스를 뿜습니다. 그리고

아우슈비츠 수용소 내부의 소각장.

가스실 내의 모든 사람은 20분도 채 되지 않는 시간에 죽습니다.

이들이 죽으면 머리카락은 모직 재료로, 금니는 금붙이로, 장신구는 시장에 파는 용도로 분류되어 철저히 전쟁 자금을 마련하기 위한 용도로 쓰입니다. 그리고 시체는 바로 옆 소각장으로 인계되어 차례로 태워집니다. 이것이 바로 특정한 민족(인종)을 조직적으로 말살하려 했던 나치 독일의 '홀로코스트'입니다. 아우슈비츠는 나치가 운영했던 수용소 중 가장 큰 규모예요. 『안네의 일기』를 쓴 안네 프랑크가 처음 끌려온 곳도 바로 아우슈비츠 수용소입니다.

아픔을 기억하는 여행

아우슈비츠 수용소를 한 바퀴 돌고 나오면 마음이 삽시간에 어두워집니다. 인간이 인간에게 어떻게 이런 일을 할 수 있는지 심각한 회의감이 들기 때문입니다.

나치가 죽인 유대인의 수는 약 600만 명 정도입니다. 그 당시 유럽에 살던 유대인의 약 60% 정도가 나치 독일에 희생당한 셈입니다. 유대인 외에도 전쟁 포로, 집시, 동성애자, 정치범 등 다양한 사람이 수용소로 끌려와 비참한 일을 당했죠. 아돌프 히틀러가 한 말은 당시 나치 독일이 유대인을 어떻게 생각했는지를 극명하게 보여 줍니다. "유대인이 한 인종인 건 틀림없으나 인간은 아니다."

'인종주의'에 매몰되어 있었던 히틀러는 게르만족(아리아인)이 다른 민족보다 우월하다는 잘못된 생각에 집착했습니다. 순수 게르만 혈통의 독일인만이 유럽을 독일 중심으로 재건할 수 있다고 본 것입니다. 유대인을 정리하는 일은 자신의 사명이라고 여기기도 했습니다.

히틀러가 성장하던 시기 독일에 살던 유대인 중에는 금융업에 종사하는 사람이 많았습니다. 돈에 밝은 유대인은 유럽 대륙은 물론 미국에서도 자본 융통에 있어서는 둘째가라면 서러워할 정도였습니다. 돈을 움직이는 힘은 자본주의 사회에서는 그 자체로 막강한 권력입니다. 히틀러를 비롯한 독일인들은 바로 이 대목에 불만이 많았습니다. 자금 융통에 능한 유대인이 그 힘을 이용해 자신들을 궁지에 몰아넣을 수 있다는 두려움이 있었던 거예요. 이러한 잘못된 생각들이 인간이라면 상상조차 힘든 끔찍한 학살로 이어지고 말았습니다.

아우슈비츠 수용소는 인류사의 끔찍한 역사인 '인종 청소'의 실상을 여실히 보여 주는 역사적 장소입니다. 아픔을 기억하고 반성하게 한다는 점에서 존재만으로도 큰 의미가 있지요.

최근 다크 투어리즘이라고도 불리는 역사 교훈 여행이 꽤 알려졌습니다. 역사적으로 잔혹한 일이 일어난 곳, 감당하기 힘든 재난이나 재앙을 맞은 공간을 둘러보면서 그 교훈을 생각해 보는 여행을 뜻해요. 쉽게 잊힐 수 있는 역사 유적을 보존하고, 무엇보다 다시는 과거의 실수와 아픔을 반복하지 말자는 결연한 의지를 다질 수 있겠지요. 이러한 여행을 위해 꼭 해외까지 찾아갈 필요는 없어요. 역사 교훈 여행지로 우리나라에서 제법 유명한 곳을 찾아가 보면 어떨까요? 많은 독립운동가가 생을 마감한 서대문형무소, 한국 전쟁을 되짚을 수 있는 거제포로수용소, 일제 강점기 제국주의 침략 역사의 야욕을 간접적으로 느낄 수 있는 제주도의 알뜨르비행장 등이 대표적인 장소가 될 수 있습니다.

비스와강을 따라 이해하는 폴란드의 공간 이야기

폴란드가 어떻게 생긴 나라인지 이해하려면 가장 먼저 비스와강을 알아야 합니다. 비스와강은 폴란드에서 가장 길고 폭이 넓은 강으로, 남부의 베스키디 산맥에서 시작해 우리가 앞서 여행했던 크라쿠프와 바르샤바를 비롯한 폴란드의 주요 도시들을 쭉 거쳐 흐릅니다. 그리고 마지막으로 항구 도시 그단스크에 도달합니다.

항구는 21세기 해상 무역에서 꼭 필요한 국가 기반 시설입니다. 폴란드는 그단스크라는 큰 항만이 있어 물류를 원활하게 수입하고 수출할 수 있지요. 그단스크는 발트해의 연안에 위치해, 스토레벨트 해협을 통해 북해로 나아갈 수 있는 지정학적인 이점을 갖고 있어요. 그런 만큼 지난 역사 속에서 여러 나라가 탐내어 서로 뺏고 빼앗기고를 반복했지요.

그단스크에서 비스와강을 따라 거슬러 오르면 국토의 중간쯤에서 수도 바르샤바를 만납니다. 바르샤바 일대는 약 1만 년 전 빙하가 발달했던 곳입니다. 정확히 말하면 스칸디나비아 빙상이지요. 빙상이 있었다는 걸 지금 어떻게 알 수 있을까요? 스칸디나비아 빙상이 녹는 과정에서 퇴적물이 쌓입니다. 퇴적물이 불규칙하게 쌓이는 양상에 따라, 어떤 곳은 비스와강이 흐르는 평원의 일부로 남고, 또 어떤 곳은 숟가락을 엎은 모양의 언덕으로 남지요. 바르샤바는 비스와강이 범람하는 너른 공간에 만들어진 도시입니다.

폴란드의 주요 도시와 하천 지도.

　또 한 번 비스와강을 거슬러 상류로 오르면, 크라쿠프를 만날 수 있습니다. 크라쿠프 일대는 높고 험준한 카르파티아산맥의 기슭에 해당하는 공간이에요. 비스와강의 시작점인 카르파티아산맥은 마치 위로 볼록 굽은 말발굽처럼 생겼는데요, 동서남북 가리지 않고 여러 나라에 닿을 수 있는 이 산맥은 중부와 남동부 유럽을 가르는 기준이 되어 줍니다. 이러한 지리적 이점을 살려 크라쿠프는 폴란드 전역은 물론, 서쪽으로는 프랑스와 네덜란드, 동쪽으로는 러시아, 남쪽으로는 이탈리아까지 철도로 연결된 교통의 중심지가 될 수 있었습니다.

비엘리치카 소금 광산과 잘츠부르크

크라쿠프 근처 비엘리치카에는 흥미로운 유네스코 세계문화유산이 있습니다. 바로 소금 광산입니다. 소금이라면 바다 근처에 있어야 하는데, 비엘리치카는 크라쿠프, 그러니까 카르파티아산맥 근처에 있습니다. 아리송한 문제지만 의외로 간단합니다. 지금은 산지지만, 과거 어느 시기에 바다였다면 가능한 이야기이니까요. 카르파티아산맥 일대의 높고 험준한 산줄기는 과거에 판과 판이 서로 만나는 거대한 힘의 작용으로 바닷속 지층이 높이 들어 올려진 곳이 많습니다. 이후 지층이 소금 돌인 '암염'으로 변화하였고, 이것이 사람에게 발견되면서 소금 광산은 인류의 이야기 속에 들어올 수 있었습니다. 지하 340m 깊이까지 깊게 파고든 갱도는 가이드와 함께 걸어서 둘러볼 수 있어요.

비엘리치카 소금 광산의 내부 모습.

비엘리치카 소금 광산은 이웃 나라 오스트리아의 잘츠부르크를 떠올리게 합니다. 잘츠부르크는 소금을 뜻하는 잘츠salz와 언덕을 뜻하는 부르크burg를 합해 지은 지명입니다. 모차르트의 도시로 잘 알려진 잘츠부르크 역시 암염 광산이 있어 소금 언덕이라는 지명이 붙은 것입니다. 그렇다면 잘츠부르크도 바닷속 지층이 들어 올려진 산지 기슭에 있을까요? 네, 그렇습니다. 비엘리치카와 잘츠부르크는 지리적 형성 과정에서는 큰 차이가 없는 닮은꼴 지역입니다.

여행 박물관,
제주특별자치도

지금까지 우리는 세계 각지의 여행지를 살폈습니다. 그런데 우리나라에도 세계의 명소들과 어깨를 나란히 하기에 충분한 여행지가 있어요. 여러 가지 사정으로 멀리 떠나는 게 부담스럽다면, 가까운 제주로 향해 보면 어떨까요? 유네스코의 세계자연유산, 생물권 보전 지역, 세계 지질 공원으로 지정된 제주는 세계에서 유일하게 유네스코 3관왕을 달성한 곳입니다. 서울과 제주를 잇는 항공 노선은 하루 평균 약 4만 명이 이용합니다. 전 세계 국내 항공 노선 중에서 가장 많은 수치이지요.

제주의 자연환경은 화산으로 통합니다. 신생대 제3기 말에서 제4기 초 사이에 분출한 용암은 화산섬 제주를 만들었습니다. 끈적한 용암은 상대적으로 가파른 한라산 정상부를, 덜 끈적한 용암은 너른 타원형의 섬을 빚었습니다. 시간을 달리하여 뒤늦게 분출한 여러 용암은 곳곳에 볼록볼록한 독립 화산체인 기생화산을 만들었지요. 기생화산이라는 말은 거대한 화산체에 붙은 모양에서 비롯한 이름입니다. 제주 방언으로 '오름'이라고도 부릅니다.

화산섬은 그 자체로 다양한 볼거리를 제공합니다. 독특한 모양의 기암괴석, 움푹 팬 호수, 국수 가락을 이어 붙인 것처럼 보이는 주상절리 같은 곳들이 있지요. 용암의 성질, 흐르는 강도와 양에 따라 만들어질 수 있는 지형은 수십 가지입니다. 그러니 여행자의 눈이 즐거울 수밖에요. 섬이라는 고유의 매력도 있답니다. 섬은 육지로부터의 고립을 뜻합니다. 사방이 바다로 둘러싸여 강한 바람을 막아 줄 산줄기가 없는 것도 제주도의 풍토를 만드는 데 큰 영향을 미쳤습니다. 제주도를 돌, 바람, 여자가 많은 삼다도三多島라 부르는 이유입니다.

돌과 바람은 여전히 많지만, 최근 통계에 따르면 제주도는 더 이상 여자가 많은 섬은 아닙니다. 17세기 제주 목사인 김상헌은 『남사록』에서 제주도에 사는 여자가 남자보다 두 배 이상 많다고 기록했습니다. 남자는 뱃일하다가 풍랑을 만나 죽는 경우가 많았습니다. 남편을 잃은 제주 여성들은 먹고살기 위해 바다로 나갔지요. 가까운 바다에서 물질하는 해녀가 탄생한 이유입니다. 제주 해녀가 일군 문화는 대를 이어 내려왔습니다. 물질하는 기술, 바다의 용왕 할머니에게 지내는 잠수 굿 등은 지속 가능성과 생태주의적 가치를 인정받아 유네스코 인류 무형 문화유산으로 지정되었어요.

지금의 위상과 달리 제주도는 조선 시대까지 대표적인 유배지였고, 일제 강점기엔 일본의 전쟁 기지로 활용된 적도 있습니다. 추사 김정희가 제주 유배 시절 남긴 「세한도」와 알뜨르비행장의 격납고 및 해안 동굴 진지는 과거를 기억하는 역사 교훈 여행의 살아 있는 현장입니다.

제주도는 여행 박물관입니다. 유네스코가 인정할 정도로 뛰어난 자연환경을 보유한 덕에 생생한 자연 여행이 가능합니다. 섬에서 차곡차곡 일궈 온 돌담 문화, 해녀 문화를 살피는 인문 여행 역시 흥미롭지요. 나아가 지리적 조건에서 기인한 유배, 표류, 식민의 역사가 남긴 흔적은 제주를 더욱 다채로운 이야기의 공간으로 만들어 줬습니다. 자연 여행과 인문 여행을 동시에 즐길 수 있는 제주도로 떠나 보면 어떨까요?

참고 문헌

국내 문헌

「메데인을 바꾼 케이블카」『경향신문』 2016.05.03.

나비스(NABIS) 균형발전 종합정보시스템 "도시를 바꾼 예술, 지역을 살린 미술관 – 스페인 빌바오 구겐하임 미술관" https://www.nabis.go.kr/coverStoryDetailView.do?menu-cd=320&gbnCode=COM&refCode=140&comIdx=1021

「[세계 불교민속 순례] <13> 인도의 어머니, 갠지스」『불교신문』 2019.08.05.

「데카브리스트의 슬기로운 유배 생활」『아틀라스』 2022.12.22.

「메데인의 기적」『이코노미스트』 2019.11.24.

「[명화로 보는 논술] 과연 루브르 박물관은 프랑스 박물관인가」『조선일보』 2008.08.21.

「파리, 인간 중심 근대도시로의 변화」『프랑스존』 2023.11.08.

「하루에 1만 명 죽이고 불태운 아우슈비츠, 그곳은 생지옥이었다」『프레시안』 2025.03.15.

「[ESC] 만지고, 올라타고… '미술계의 채플린' 보테로가 만든 웃음의 광장」『한겨레』 2022.09.03.

국외 문헌

브리태니커 백과사전 https://www.britannica.com/

센트럴파크 공식 가이드 누리집 https://www.centralparknyc.org/

유엔무역개발회의(UNCTAD) 공식 자료 포털 https://unctad.org/statistics

ArcGIS StoryMaps "Geotourism and Geology – Rio de Janeiro: Educational Content for Schools and Tour Guides." 2023.07.10. https://storymaps.arcgis.com/stories/d73cb54287ab45b398b477603571cec4

Brian Pagnotta. "AD Classics: The Guggenheim Museum Bilbao / Gehry Partners" archdaily, 2013.09.01.

Clombia.travel "Medellín: The City of Eternal Spring." https://colombia.travel/en/medellin

Ethan Siegel 외. "The Incredible Science Of Lake Baikal: The World's Largest, Oldest, Deepest Lake" Forbes, 2020.06.24.

Geneviève Spits. "The Geology of Paris" Geo-Sports.org. 2024.05.23.

Jason M. Barr. Building the Skyline: The Birth and Growth of Manhattan's Skyscrapers. Oxford University Press, USA 2018.

José María Sanz de Galdeano Equiza 외. "The August 1983 Floods in the Basque Country: Events and Lessons." Consorseguros Digital Magazine, no. 19, Autumn 2023,

Liliana López Sorzano. "Medellín's Cafes and Farms Are Taking Back Colombian Coffee" Eater. 2024.04.17.

Rowan Moore. "The Bilbao effect: how Frank Gehry's Guggenheim started a global craze" The Guardian. 2017.07.30.

Santiago Mejía-Dugand. "Positioning Medellín for a More Sustainable Future." Urbanet. 2021.07.13.

유네스코(UNESCO) "Songkran in Thailand, traditional Thai New Year festival" https://ich.unesco.org/en/RL/songkran-in-thailand-traditional-thai-new-year-festival-01719

사진 출처

18면	Animum(wikimedia.org)
20면	Leonhard_Niederwimmer(pixabay.com)
22면	chensiyuan(wikimedia.org)
23면	Pexels(pixabay.com)
25면	Arturo Di Modica(wikimedia.org)
26면	omarcortes(pixabay.com)
31면	Acroterion(wikimedia.org)
32면	Youngjin(wikimedia.org)
36면	iankelsall1(pixabay.com)
39면	falconp4(pixabay.com)
41면	Domenico Convertini(wikimedia.org)
44면	Josh Hallett(wikimedia.org)
46면	Nicolas-Debray(pixabay.com)
52면	Josh Hallett(wikimedia.org)
55면	ChiemSeherin(pixabay.com)
57면	dylanagonzales2011(pixabay.com)
60면	phgvu307(pixabay.com)
71면	Rhiannon(pixabay.com)
74면	yosratawakol(pixabay.com)
77면	ardhamaanava(pixabay.com)
78면	dMz(pixabay.com)
88면	ELG21(pixabay.com)
89면	ChatridelSevilla(pixabay.com)
90면	Doalex(wikimedia.org)
92면	Makri27(pixabay.com)
94면	javierAlamo(pixabay.com)

99면   ywj9678(pixabay.com)

104면   Preecha.MJ(wikimedia.org)

103면   otsuka88(pixabay.com)

122면   danielserrani(pixabay.com)

124면   Donatas Dabravolskas(wikimedia.org)

125면   anja_schindler(pixabay.com)

127면   Andrea46(pixabay.com)

129면   Pat_Photographies(pixabay.com)

131면   Fotos GOVBA(wikimedia.org)

133면   Fernando Frazão/Agência Brasil(wikimedia.org)

139면   Sorovas(wikimedia.org)

143면   Marcin Konsek(wikimedia.org)

145면   Digr(wikimedia.org)

146면   Sergio Tittarini(wikimedia.org)

152면, 154면, 155면, 158면, 166면   최재희

162면   Jörg Hempel(wikimedia.org)

172면   USA-Reiseblogger(pixabay.com)

174면   Julianza(pixabay.com)

178면   Bernard Gagnon(wikimedia.org)

181면   Zomogy(pixabay.com)

189면   hamerovv(pixabay.com)

194면   Heiss(pixabay.com)

206면   PiotrZakrzewski(pixabay.com)

209면   Ingo Mehling(wikimedia.org)

211면   Monika Towiańska(wikimedia.org)

212면   PiotrZakrzewski(pixabay.com)

213면   peter89ba(pixabay.com)

214면   dimitrisvetsikas1969(pixabay.com)

220면   RonPorter(pixabay.com)

창비청소년문고 44

지리를 알면 여행이 보인다

초판 1쇄 발행 • 2025년 9월 26일

지은이 • 최재희
펴낸이 • 염종선
책임편집 • 안신희
조판 • 박아경
펴낸곳 • (주)창비
등록 • 1986년 8월 5일 제85호
주소 • 10881 경기도 파주시 회동길 184
전화 • 031-955-3333
팩스 • 영업 031-955-3399 편집 031-955-3400
홈페이지 • www.changbi.com
전자우편 • ya@changbi.com